Meinen verehrten Lehrern

Herrn Rektor Dr. phil. **Carl Theodor Michaelis,**

Herrn Professor Dr. phil. **Ernst Voigt,**

Herrn Geheimen Regierungsrat Dr. **Richard Sarrazin,**

möchte ich diese Schrift als Zeichen meines Dankes zueignen.

Dieselbe beansprucht nichts, als zu dem Gebäude der Erkenntnis einen Baustein, der bisher von achtlosen Werkleuten abseits liegen gelassen wurde, wieder herbeigetragen und vom Schutt gesäubert zu haben. Bei einer früheren Bearbeitung der Lehre vom Versuch fiel mir eine Lücke in der historischen Entwickelung der Gesetzesdefinition auf, und ich habe im Nachforschen nicht innegehalten, bis ich den scheinbar fehlenden Zusammenhang wiederherzustellen vermochte. Ich glaube, daß das Ergebnis geeignet ist, einen eingewurzelten Irrtum zu beseitigen, der auf eine tagtäglich die Strafgerichte beschäftigende Frage seit hundert Jahren in allen Gesetzgebungen der Erde verwirrend einwirkt.

Die durch eigenartige erschwerende Verhältnisse über fast fünfzehn Jahre verteilten Vorarbeiten und Umgestaltungen haben mancherlei Unebenheiten veranlaßt, welche an Ihre Nachsicht wie an die des Lesers appellieren müssen; trotzdem hoffe ich, daß Sie, meine verehrten Lehrer, in der unabhängigen Prüfung der Quellen eine Frucht Ihrer Anleitungen werden erkennen wollen, und ich bitte Sie, in diesem Sinne das Buch Ihres Schülers als Ihr Eigentum anzusehen.

Paris, im April 1893.

Ernst Eisenmann.

Inhalt.

Erster Teil.

Definition des strafbaren Versuchs.

Zweiter Teil.

Der Versuchsbegriff im positiven Recht.

Verzeichnis der benutzten Litteratur.

Akten des k. k. österreichischen Justizministerii, betreffend die Strafgesetzgebung von 1781 bis 1806.*)
Allgemeines Gesetz über Verbrechen und deren Bestrafung (Codex Josephinus). Wien 1787.
Archiv für preußisches Strafrecht, herausgeg. von Goltdammer, Bd. 3, 16, 17. 19.
Bar, Zur Lehre von Versuch und Teilnahme am Verbrechen. Hannover 1859.
Berner, Grundlinien der kriminalistischen Imputationslehre. Berlin 1843.
— , Grundsätze des preußischen Strafrechts. Leipzig 1861.
— , Kritik des Entwurfes eines Strafgesetzbuches für den Norddeutschen Bund. Leipzig 1869.
— , Lehrbuch des deutschen Strafrechts. Leipzig 1877.
Bibel, ed. Stier. Bielefeld 1856.
Binding, Der Entwurf eines Strafgesetzbuches für den Norddeutschen Bund. Leipzig 1869 (J. E.)
— , Die Normen und ihre Übertretung. Bd. I Leipzig 1872; Bd. II 1877.
— , Kolleg über Strafrecht, gelesen Leipzig im Sommer-Semester 1878.
— , Die gemeinen deutschen Strafgesetzbücher vom 26. II. 1876 und 20. VI. 1872. Kommentar, Leipzig 1877 (Str.).
Chauveau et Hélie, Théorie du code pénal. Bd. I—III. Paris 1837.
Chop, Über die Grenze zwischen Vorbereitung und Versuch eines Verbrechens. Leipzig 1861.
Constitutio Criminalis Theresiana oder der ... Majestät Mariä Theresiä ... peinliche Gerichtsordnung. Wien 1769.
Corpus juris canonici, ed. jussu Gregorii XIII. P. M. (Caesar Gloriosus). Leyden 1591.
Corpus juris civilis, ed. Krüger-Mommsen. Bd. I. u. II. Berlin 1877.
Corpus juris germanici von Emminghaus. Jena 1844.
Dahn, Die Könige der Germanen, Bd. IV: die Edikte der Könige Theoderich und Athalarich und das gotische Recht im gotischen Reich. Würzburg 1866.
Entscheidungen des Reichsgerichts in Strafsachen.
Entwurf eines Gesetzbuches in Kriminalsachen. Frankfurt und Leipzig 1792.
Entwurf eines Strafgesetzbuches für den Norddeutschen Bund nebst den Motiven. Juli 1869. Amtliche Ausgabe (A. A.).
Entwurf eines Strafgesetzbuches für den Norddeutschen Bund nebst Motiven und Anlagen. Aktenstücke des Reichstags, Amtliche Ausgabe Nr. 5. Nr. 132.
Feuerbach, Lehrbuch des peinlichen Rechts, ed. Mittermaier; Gießen 1840.
Fuchs, Kritische Bemerkungen zu den Gesetzentwürfen über Prozeßverfahren und Strafrecht für den Norddeutschen Bund. Breslau 1869.
Geib, Lehrbuch des deutschen Strafrechts. Bd. I. Leipzig 1861.
Gerichtssaal, Zeitschrift für Strafrecht usw. ed. Jagemann. Jahrg. 1864. 1875. 1876.

---

*) Für die bereitwillige Erlaubnis zur Bearbeitung dieses ungedruckten Materials ist der Verfasser dem Herrn k. k. Sektionsrat Kaserer im Justizministerium sowie den übrigen Herren Beamten des Ministerialarchivs zu Wien zu besonderem Dank verpflichtet.

Gesetzbuch über Verbrechen und schwere Polizei-Übertretungen. Wien 1803.
Gneist, Kolleg über deutsches Strafrecht, gelesen im Sommer-Semester 1877.
Güterbock, Die Entstehungsgeschichte der Carolina. Würzburg 1876.
Häberlin, Grundsätze des Kriminalrechts I. II. Leipzig 1845.
— , Kritische Bemerkungen zu dem Entwurf eines Strafgesetzbuches für den Norddeutschen Bund. Erlangen 1869.
Hälschner, Beiträge zur Beurteilung des Entwurfes eines Strafgesetzbuches für den Norddeutschen Bund. Bonn 1870.
— , System des preußischen Strafrechts, I. Bonn 1858.
Held, Bemerkungen zu dem Entwurfe eines Strafgesetzbuches für den Norddeutschen Bund. Dresden 1870.
Hertz, Über den Versuch mit untauglichen Mitteln. Hamburg 1874.
Holtzendorff, Encyklopädie der Rechtswissenschaft. Bd. I, Leipzig 1873; Bd. II, 1 u. 2, 1876.
John, Entwurf mit Motiven zu einem Strafgesetzbuch für den Norddeutschen Bund. Berlin 1868.
— , Das Strafrecht in Norddeutschland (revidierter Entwurf). Göttingen 1870.
— , Das Strafrecht in Norddeutschland zur Zeit der Rechtsbücher. Leipzig 1858 (Ndd.).
Josephi des Ersten Neue peinliche Halsgerichtsordnung für Böhmen, Mähren und Schlesien. Freiburg 1711.
Klein, Grundsätze des gemeinen deutschen peinlichen Rechts. Halle 1799.
Köstlin, Neue Revision der Grundbegriffe des Kriminalrechts. Tübingen 1845.
— , System des deutschen Strafrechts, I. Tübingen 1855.
Kritische Vierteljahrsschrift ed. Poezl. Bd. V (Walther). Extrabeilage (Röder zum Juli-Entwurf) zu Bd. XII.
Meyer, Lehrbuch des deutschen Strafrechts. Erlangen 1877.
— , Das norddeutsche Strafrecht. Eine Beurteilung des Entwurfs eines Strafgesetzbuchs für den Norddeutschen Bund. Halle 1869.
Osenbrüggen, Abhandlungen aus dem deutschen Strafrecht, I. Erlangen 1857.
— , Das Alamanische Strafrecht im deutschen Mittelalter. Schaffhausen 1860 (A. S.).
Procès verbaux de l'Assemblée Nationale. Paris, An. IV. Amtliche Ausgabe.
Röder, Bemerkungen zum Entwurf eines Strafgesetzbuchs für den Norddeutschen Bund.
Sachsenspiegel, ed. Weiske. Leipzig 1840.
Schütze, Lehrbuch des deutschen Strafrechts. Leipzig 1874.
Schwabenspiegel, ed. Gengler. Erlangen 1875.
Sonnleithners Anmerkungen zum neuen Josephinischen Kriminalgesetzbuch. Wien 1787.
Stenographische Berichte über die Verhandlungen des Reichstags des Norddeutschen Bundes, I. Legislatur-Periode, Session 1870, Bd. I.
Strafgesetzbuch für das Deutsche Reich nebst Novelle und Einführungsgesetz, Textausgabe. Berlin 1876.
Strafprozeßordnung für das Deutsche Reich, ed. Staudinger. Nördlingen 1877.
Verhandlungen des neunten Deutschen Juristentages (Kritiken zum Juli-Entwurf). Berlin 1870.
v. Wächter, Beitrag zur Geschichte und Kritik der Entwürfe eines Strafgesetzbuches für den norddeutschen Bund. Leipzig 1870.
— , Gemeines Recht Deutschlands, insbesondere gemeines deutsches Strafrecht. Leipzig 1844.
— , Lehrbuch des Römisch-Teutschen Strafrechts, I, II. Stuttgart 1825, 1826.
Wilda, das Strafrecht der Germanen. Halle 1842.
Zachariä, Die Lehre vom Versuche der Verbrechen, I, II. Göttingen 1836/1839.

Erster Teil.

Definition des strafbaren Versuchs.

§ 1.

Vorwort und vorläufige Feststellung der Begriffe.

Zachariae in seinem für die Lehre vom Versuch grundlegenden Werke[1]) erklärte es für den natürlichsten Ideengang, bei den Deduktionen eine Entwickelung nach allgemeinen Rechtsprinzipien vorausgehen und darauf die Betrachtung des positiven Rechts folgen zu lassen. — Wenn in diesem ersten Teil die Widerlegung der gegnerischen Ansichten bei den einzelnen Materien nicht immer speziell unternommen wird, so ist dies eine notwendige Folge des Umstandes, daß sich die Details dieser Lehre sämtlich als direkte Konsequenzen der Grundanschauungen von Schuld und Strafe ergeben und deshalb eine Zurückweisung nur mit Bezug auf die Abweichungen dieser Grundlehren möglich wäre — und dies würde bei deren unzähligen Verschiedenheiten den Rahmen der Untersuchung ungebührlich erweitern. Auch zustimmende Ansichten konnten bei dem Umfange der Litteratur nicht immer besonders genannt werden. Was speziell Binding betrifft, so stützt sich die Abhandlung in ihren Definitionen oft auf die seinigen: es kann aber dessen Normensystem schon um deswillen nicht anerkannt werden, weil die Natur der Normen und ihre mehr als unbestimmte Form Bindings eigne Folgerungen, wie Unzurechenbarkeit der Übertretung einer ungekannten Norm, nicht zuläßt, vor allem aber, weil die offen zugegebene und gar nicht als Übel empfundene Abweichung des Normenrechts vom Strafrecht, selbst ohne jede kriminalpolitische Begründung, von dem Zweck der Untersuchung, das positive Recht zu klären, zu weit abführt.

Was das System dieses ersten Teiles betrifft, so mußte aus Zweckmäßigkeitsgründen eine kurze vorläufige Übersicht über den Gang der Deduktion bis zur Findung des Versuchsbegriffs vorausgeschickt werden, um im Hinblick auf dies vorläufige Resultat die störenden Begriffe der culpa und der Übertretung, welche einen Versuch nicht zulassen, zu entfernen und dann in der folgenden

---

[1]) Z. I S. XVI ff.

speziellen Beweisführung ausschließlich auf die prägnanteren Begriffe des dolus und des wirklichen Delikts rücksichtigen zu dürfen.

Wie das vollendete Verbrechen, so ist auch das versuchte eine Handlung, d. h. eine gewollte That, und das charakteristische an beiden ist, daß der Wille,[2]) der die That zur Handlung macht, ein verbrecherischer, d. h. ein gegen die Rechtsordnung gerichteter ist. Die That an sich nun ist für die strafrechtliche Zurechnung gleichgültig, d. h. nur ihr Vorhandensein ist erforderlich,[3]) ihre Beschaffenheit mag sein, welche sie wolle, es mögen Worte, Bewegungen, selbst solche Bewegungen, die den Tod eines Menschen herbeiführen,[4]) sein; die That als solche ist strafrechtlich irrelevant, sie ist nur ein Glied in dem großen Mechanismus, den wir Natur, und dessen Äußerungen wir im Strafrecht Zufall nennen.[5]) Erst der Wille, der die That beseelt, der sie zur Handlung macht, gibt die Fähigkeit, Objekt des Strafrechts zu werden; und eben nur, wenn dieser Wille ein verbrecherischer ist, wird die Handlung zum Verbrechen. Eine objektiv rechtswidrige That ist ein Unding, nur eine Handlung kann, vermöge des ihr innewohnenden Willens, rechtswidrigen Charakter annehmen. Der Wille ist das principium des Verbrechens,[6]) er ist zuzurechnen, die That ist nur seine Erscheinungsform und kommt auch überall nur als solche, d. h. als Beweismittel in Betracht; daß sie dadurch keine unbedeutende Stellung erhält, geht daraus hervor, daß die That in Wahrheit das einzige Beweismittel des Willens ist; aus ihr bestimmt sich

---

[2]) Daß derselbe noch außerdem ein rechtlich relevanter sein muß, bedarf keiner Erwähnung, wie Binding solche mit Unrecht von Berner, Koestlin, Haelschner u. a. verlangt; nötig wird die Erwähnung nur, wenn man, wie Binding, unter rechtlich irrelevantem Willen auch den der Unzurechnungsfähigen mit einbegreift, den jene, wie das R.St.G.B. §§ 51—72, als Ausnahme hinstellen.

[3]) Viel mehr fordern auch Berner, Koestlin, Haelschner u. a. nicht, die der That eine Gleichberechtigung mit dem Willen eigentlich nur in Worten einräumen, ohne diese Hervorhebung der Thatseite in der Handlung konsequent zu zeigen; der einzige Fall, wo sie wirklich betont wird, ist bei der culpa, und diesen erklärt Binding, N. II S. 124—187 wohl mit Recht für unrichtig.

[4]) Es zielt dies nicht etwa auf einen Fall wie das Beispiel Bindings N. II S. 44, sondern auf jede kasuelle Tötung, auch ohne jene Komplikation mit einem ganz gleichgültig daneben existierenden Vorsatz.

[5]) Baumeister, Bemerkungen zum Strafgesetz S. 5, bei Binding, N. II S. 109, Anm. 132.

[6]) Osenbrüggen, A. S. S. 147. Binding, N. II 102.

sicherer als aus der trüglichen Meinung des Thäters, was dieser wirklich gewollt hat,[7]) und so erhält sie Einfluß auf die Strafe, ohne aber jemals selbst Strafgrund sein zu können.

Dem widerspricht scheinbar, daß nach der Meinung aller Zeiten der bloße Wille niemals strafbar ist, da man dessen Strafbarkeit, wenn der Wille allein das Strafbare sein soll, als Konsequenz verlangen könnte. Dem ist jedoch natürlich nicht so; denn erstens ist der Wille als solcher erst für das Recht vorhanden, wenn er erkennbar, d. h. in der Sinnenwelt wahrnehmbar ist, da er sich vorher jeder Beurteilung außer der der Moral entzieht (und die letztere Kritik kann auch nur der Wollende selbst und sonst niemand ausüben); und zweitens ist es mehr als zweifelhaft, ob von einem Willen schon die Rede sein kann, solange noch im Innern des Menschen gute und böse Eigenschaften, Leidenschaft und Vernunft ihren Kampf auskämpfen,[8]) dessen Ausgang denn auch nicht eher anzunehmen ist, als bis die eine der beiden Neigungen es erreicht hat, durch Vermittelung des physiologischen Apparats den Körper zu einem Thun oder Unterlassen zu bewegen, welches dann die gewollte That, die Handlung ist. Die erste Handlung also erst ist die Besiegelung eines vorläufigen Abschlusses der innern Kämpfe, und erst sie ist der Entstehungsmoment des Willens;[9]) erst der Zwang, den jene geistige Regung auf den Körper ausübt, zeigt den festen, wahren, handelnden Willen, den Entschluß.[10])

Ein Wille ohne Manifestation ist mithin etwas im Strafrecht nicht Existentes oder doch jedenfalls vollkommen Irrelevantes, da dasselbe ja eben den Willen nur insofern behandelt, als derselbe zur Erscheinung kommt und sich gegen die Rechtsordnung empört. Diese Empörung, die verbrecherische Handlung, vollzieht er eben durch seine Realisierung, indem er in die reale Weltordnung, in die Außenwelt eingreift, um dieselbe nach seiner Absicht umzugestalten. Denn wie der Wille in der Handlung zu Tage tritt, so dokumentiert sich die Verletzung der idealen Rechtsordnung in gewissen Ver-

---

[7]) Vergl. Binding, N. II S. 114.

[8]) Vgl. Schopenhauer, bei Binding N. II S. 104, Anm. 125.

[9]) Baumeister (vgl. oben § 1 S. 457, Anm. 5), bei Binding N. II S. 109 Anm. 132.

[10]) Entschluß und Beschluß sind in der heutigen Rechtssprache keineswegs synonym; es ist unsers Wissens auch nur ein allgemein süddeutscher Provinzialismus, dies anzunehmen, wie Osenbrüggen, Abh. S. 15, zu thun scheint.

änderungen der positiven Welt, aus deren Wesen ja Rechtsverhältnisse und Rechte ihre Entstehung ableiten. Die Veränderungen der Außenwelt sind nun aber jede von so vielen Momenten und Kräften abhängig, der Mechanismus ist ein so vielgliedriger, daß nicht wohl davon die Rede sein kann, der Erfolg, jene Veränderung, sei allein dem ihn beabsichtigenden Willen eines Einzelnen entsprungen; so sehr freilich wieder das Individuum, vermöge seines Verstandes die Naturkräfte der Absicht dienstbar zu machen vermag. In dieser Benutzung der Außenwelt für die Absicht liegt ein charakteristisches Moment, ein gewisser Grad von Energie des Willens, den man wohl selbst als Vorsatz[11]) gekennzeichnet hat. Richtiger ist die Definition des Vorsatzes (dolus) nach folgendem Teilungsprinzip: ist der rechtsverletzende Wille sich seiner Rechtswidrigkeit bewußt, so ist er Vorsatz; ist er sich deren nicht bewußt, dann ist er Fahrlässigkeit.[12]) Die Benutzung der Kräfte der Außenwelt schließt jedoch nicht aus, daß andre, nicht in Betracht gezogene Umstände und Kräfte den von dem Willen des Thäters benutzten entgegenwirken, und wenn dies geschieht, so ist es offenbar die Folge des Nichtbeachtens jener Kräfte; da aber der Wille, wenn der Verstand deren Notwendigkeit zum Erreichen des Erfolges erkannt hätte, dieselben sicher in den Kreis seiner Mittel hineingezogen haben würde, so ist das Nichteintreten des Erfolges auf einen Mangel des Verstandes, nicht auf einen ungenügenden oder veränderten Willen zurückzuführen. Der Fall aber, wo bei der durch Handlungen dokumentierten verbrecherischen Absicht der Erfolg durch entgegenstehende Umstände nicht eintrat, heißt in der Wissenschaft wie im positiven Recht Versuch, und nur darüber sind Kontroversen, ob die Handlungen und die Mittel noch speziell beschränkende Eigenschaften besitzen müssen, damit der Versuch ein strafbarer sei.

Es wird daher zu prüfen sein, ob jene Beschränkungen statthaben sollen, indem wir zuvor nur noch die von allen anerkannten Beschränkungen kurz anführen und dabei erläutern, daß sie dem oben aufgestellten Prinzip, der Wille sei das einzig Strafbare, nicht widersprechen.

---

[11]) Hälschner, S. S. 123.

[12]) Es wird hier Bindings Unterscheidung pure aufgenommen, deren Beweis (N. II S. 102—124) und Widerlegung der gegnerischen Ansichten (S. 124—187) wohl nicht wiederholt zu werden braucht. Auch Osenbrüggen steht dieser Definition nahe; vgl. Abh. S. 29.

§ 2.

Fälle begrifflicher Unmöglichkeit des Versuchs.

Berner[13]) und mit ihm Koestlin,[14]) Gneist u. a. stellt dem Versuchsbegriff als Korrelat die culpa entgegen; hier sei mehr geschehen als gewollt, dort mehr gewollt als geschehen; und daraus erkläre sich dann die Unmöglichkeit eines Versuchs fahrlässiger Verbrechen von selbst. Die Korrelation wird aber durch obige Definition der culpa stark gelockert; sie müßte etwa dahin modifiziert werden, daß bei culpa mehr gewollt und geschehen als gewußt, beim Versuch mehr gewollt und gewußt als geschehen ist. Dennoch ist ein Versuch bei fahrlässigen Verbrechen nicht zu statuieren, denn der rechtswidrige Charakter der Handlung, der dem kulpos Wollenden selbst unbewußt bleibt, wird erst erkannt aus dem rechtswidrigen Effekt der Handlung. Erst wenn die Wirkung der gewählten Kräfte die gewollte Veränderung hervorgerufen hat, stellt sich deren rechtsverletzende Natur dem Wollenden und überhaupt jedem dar, und kann die Frage, ob Rechtsverletzung gewollt ist, natürlich erst dann aufgeworfen werden, wenn das Vorhandensein der Rechtsverletzung selbst als einer geschehenen oder in Aussicht stehenden überhaupt bemerkt worden ist; eine unvollendete Handlung, deren Vollendung kulpose Schuld werden würde, stellt sich, solange sie unvollendet ist, als eine rechtlich durchaus irrelevante Alltagshandlung dar. Die rechtsverletzende Natur der unvollendeten Handlung ist erkennbar nur, wenn das rechtsverletzeude Ziel sich bereits, weil es dem Thäter als solches bekannt ist, in der Art seiner Handlungen abspiegelt, und dies geschieht eben nur beim vorsätzlichen Verbrechen. —

Unmöglich ist ferner ein Versuch bei den sogenannten wirklichen[16]) Unterlassungsdelikten, den Übertretungen eines Gebots. Denn da hier der Akt in einem Nichtthun besteht, während regelmäßig für das Thun ein bestimmter Zeitraum gesetzt war — sei es durch das Gesetz, sei es durch die besondern Amtsvorschriften oder Reglements und dergleichen — so ist, mit dem Verfließen des

[13]) Imp. S. 39. 174.

[14]) Rev. S. 227.

[15]) Colleg. § 9, I.

[16]) Die sogen. unechten Unterlassungsverbrechen, wie Tötung durch Entziehung der Nahrung, unterscheiden sich nur durch die Wahl des Mittels von den Begehungsverbrechen und ist bei ihnen mithin ein Versuch nichts Auffälliges. Vgl. unten § 5 S. 15, Anm. 44.

letzten Moments für das mögliche Thun, das Nichtthun besiegelt, die Übertretung vollendet. Diese Unterlassungsdelikte sind nun weiter nichts als vom Gesetz aus kriminalpolitischen Gründen (der Gefährlichkeit und dergl.) durch höhere Bestrafung ausgezeichnete Übertretungen polizeilicher Vorschriften;[17]) nicht die ideale Rechtsordnung, nicht ein von ihr anerkanntes und geschütztes Recht[18]) wird durch sie verletzt, sondern nur ein kriminalpolitischen Gründen entsprossenes Gesetz, eine Vorschrift, deren Begründung nicht zur Sache kommt, sondern die, wie jeder Hoheitsausfluß des Staates respektiert werden muß, weil sie vom Staate zu diesem Zweck gesetzt ist.[19]) Dem Versuche ist aber die Rechtswidrigkeit der Absicht so wesentlich, daß mit dem Wegfall der Möglichkeit einer solchen bei Handlungen, die an sich gar kein Recht verletzen, auch die Möglichkeit eines Versuchs wegfällt. Auch ist ein solcher schon wegen der Einheit, der Augenblicklichkeit des Konsummationsaktes, die allen Übertretungen begrifflich eigen ist, unmöglich, was bei den oben besprochenen Unterlassungsdelikten nur am schärfsten hervortritt. Ähnlich hält auch Binding[20]) den Versuch bei Übertretungen bei der Natur des Polizeiverbots, welches immer eine volle positive Übertretung fordert, für undenkbar und kritisiert mit Recht die Motive zum Juli-Entwurf,[21]) die eine derartige Möglichkeit offen ließen.

Begrifflich[22]) ist somit der Versuch bei den kulposen Delikten und bei den Polizeivergehen[23]) ausgeschlossen und sind diese beiden

---

[17]) Vgl. Koestlin S. I S. 253. Am nächsten kommen sie dem § 360 [10] des R.St.G.B.

[18]) Haelschner S. S. 2.

[19]) Unter den Übertretungen des R.St.G.B. finden sich manche, die kriminelles und nicht bloß polizeiliches Unrecht sind, so z. B. § 370 [5]. Die Scheidung ist eben dort keine genau dem Begriff folgende, wie auch die Erhebung der Unterlassungsdelikte zu Vergehen beweist. Daß deshalb beim Futterdiebstahl ein Versuch nicht minder denkbar ist, versteht sich von selbst, und seine Nichtbestrafung ist gerade so inkonsequent wie die vieler Vergehensversuche. Vgl. § 20 S. 59 Anm. 190.

[20]) J.C. S. 79, 80.

[21]) A. A. S. 188.

[22]) Nicht hierher gehören, wie Koestlin, S. I S. 252 bestätigt, die Verbal-Injurien, bei denen ein Versuch am sogenannten untauglichen Objekt und mit untauglichen Mitteln denkbar ist. Auch sonst würde der Versuch nur mangels Erkennbarkeit gefehlt haben.

[23]) Diese letztern sind auch gemeint, wenn John, E. S. 203, 204 hierher

Kategorieen ziemlich[24]) allgemein anerkannt; weit kontroverser sind die Fragen:

1. ob der sogenannte Versuch mit untauglichen Mitteln und am untauglichen Objekt ein strafrechtlich relevanter, d. h. strafbarer ist, und
2. welche Arten von Handlungen zu einem strafbaren Versuch genügen.

§ 3.
Das Kausalwerden des Willens.

Da sich diese Fragen aber auf das innerste Wesen des Versuchs und des Verbrechens überhaupt gründen, so müssen wir, ehe diese Fragen, der eigentliche praktische Kern der ganzen Versuchslehre, beantwortet werden können, die oben gefundenen vorläufigen Resultate und ihre Grundlagen einer wiederholten genauern Prüfung unterziehen.

Es ergab sich schon oben, daß einerseits der Wille sich in Handlungen objektiviere und andrerseits die Rechtsverletzung durch Veränderung der realen Welt hervorgebracht werde. Diese Veränderung vorzunehmen vermag der Vorsatz durch Dienstbarmachung der Kräfte der Natur. Diese Kräfte haben verschiedene Eigenschaften, d. h. ihre Wirkung aufeinander, ihre Folgen sind erfahrungsmäßig verschiedene, eine Verschiedenheit, die durch die Berührung mehrerer sich natürlich stark kompliziert. Diese Wirkungen der Kräfte, die in der Wirklichkeit nie elementar, sondern immer kompliziert vorkommen, diese Kausalität der Natur, resp. aller ihrer Teile, den Menschen nicht ausgeschlossen, die sich erfahrungsmäßig nach bestimmten festen Gesetzen bewegt, muß derjenige kennen,[25]) der selbst kausal werden will, wozu er vermöge der in seiner Natur liegenden Freiheit befähigt ist; denn dies Kausalwerden vermag er nur durch Auswählen der Kräfte, die seine Absicht, seine Vorstellung der künftigen gewollten Veränderung herbeiführen sollen, und er muß diejenigen auswählen, sie so anwenden, wie sie erfahrungsmäßig ähnliche Veränderungen herbeizuführen, zu bewirken pflegen. Die

---

rechnet: „Unterlassungsdelikte und gefährliche und unsittliche Handlungen, die keine Rechtsverletzungen sind"; so z. B. R.St.G.B. § 182—184.

[24]) Kulposen Versuch nahm seiner Zeit an Hepp und einige andre, die Zachariae widerlegt; vgl. Z. I. S. 37 ff.

[25]) Vgl. Binding, N. II S. 54.

Begriffe „auswählen“ und „anwenden“ sind hier gleichbedeutend, da alles Anwenden nur Auswählen der Kräfte und Gewährenlassen von deren Wirkung ist. Indessen geht die volle Berechnung der in jedem konkreten Fall möglicherweise sich komplizierenden Kräfte über menschliche Kenntnis und Fähigkeit hinaus; weil aber der Mensch ein gewisses Maß von Einfluß vermöge seiner Kenntnis der Kräfte auszuüben vermag, so ist dieser Einfluß, soweit sein Willen die Kräfte zur Wirkung bringt, seine Handlung: die von seiner Handlung involvierte Veränderung wäre nicht vorhanden, wenn sein Wille nicht gewirkt hätte, und daher wird ihm mit Recht jene Veränderung zugerechnet. Was geworden wäre, wenn der Wille nicht kausal geworden wäre, ist mit menschlichem Geiste nicht zu berechnen, für die jedenfalls vorhandene Abweichung muß aber der, der sie bewirkt hat, einstehen, weil er sie gewollt hat; denn hätte er sie nicht gewollt, so wäre hier wie legionenmal anderswo eine Veränderung der Welt vorgegangen, die an sich gar keine Beachtung verdient — nur der Wille, der sie hervorgebracht hat, der sie hervorbringen wollte, macht sie bedeutsam. Denn nur für Willensäußerungen des Menschen, für Handlungen hat der Mensch Kritik, der sich die Natur, die Weltordnung nicht unterwirft: das Maß der Kritik, wie ihr Grund, ist also der Wille; die That, das Geschehene ist irrelevant.

Das Geschehene ist irrelevant, wenn es nicht vom Willen gesetzt, nicht gewollt ist. Danach entscheidet sich auch die Grenze der Kritik, der Zurechnung; das Geschehene, *soweit* es nicht mehr gewollt ist, ist irrelevant, *weil* es nicht gewollt ist. Der Wille, der als Vorsatz sich seiner Tragweite bewußt ist, haftet für diese Tragweite, für alle Handlungen, deren er bedarf, die er in Scene setzen muß, bis die letzte Handlung möglich wird, die er als letzte gesetzt, die — als letzte — er noch gewollt hat. Schon die nächste Veränderung ist nicht mehr zuzurechnen, denn sie ist nicht mehr gewollt (es sei denn, sie sei unbewußt rechtswidrig, kulpos gewollt und involviere dadurch nebenher eine mit anderm Maß zu messende Schuld und Zurechnung). Doch darf hierin nicht der Widersinn gesucht werden, als könne man Kräfte in Bewegung setzen wollen, ohne deren Wirkung zu wollen: von dem Kausalitätsgesetz abstrahieren darf man nicht, weil man es nicht kann, und was dieses Gesetz mit sich bringt, muß man verantworten. Wer eine geladene Büchse abdrückt, will auch, daß sie losgeht, und wer einem mit dem Messer in die Schläfe sticht, will töten. — Von dem Kausalitäsprinzip abstrahieren kann, darf und thut nur der Unzurechnungsfähige, dessen That denn auch seinen Willen gar nicht richtig ausdrückt, nicht zur Erscheinung bringt: der Wahnsinnige, der das Licht an sein Kleid bringt, weiß nicht, daß es nach dem Naturkausalismus anbrennen muß, ebensowenig das Kind. Der Zurechnungsfähige dagegen kann sich wohl über Gesetze dieses Kausalismus im Irrtum befinden, d. h. sie nicht oder falsch kennen; er will aber, wenn er handelt, nicht von dem Kausalismus als solchem abstrahieren (denn dies wäre Wahnsinn) und fügt sich dessen Wirkungen, schon weil er weiß, daß er dies muß — daß er sich die Wirkung aus irgend einem Grunde anders vorstellt, kommt nicht zur Sache, da es den Willen nicht modifiziert.

§ 4.
Die Mittel und ihr Einfluß auf die That.

Wenn der Wille die Kräfte und ihre Wirkung kennt und sie so auswählt und verwendet, daß diese Anwendung den Inhalt seines Willens, seine Absicht, die beabsichtigte Veränderung in der Außenwelt bewirkt, so liegt, wenn diese Veränderung eine Rechtsverletzung involviert, ein vollendetes Verbrechen vor. Die Vollendung ist somit abhängig von der Wahl, der Anwendung der Kräfte. Eine Kraft erscheint regelmäßig an eine Materie gebunden (auch hier ist natürlich Häufung der Kräfte das einzig Vorkommende) und in dieser ihrer Erscheinungsform heißt sie, gerade mit Rücksicht auf ihre Wirksamkeit, Mittel. Mittel ist also (vorausgesetzt, daß es in Bezug auf einen Zweck, die Veränderung, betrachtet wird) alles, was eine Veränderung in der Natur hervorzubringen im stande ist, insofern das Wesen des Mittels die Kraft ist. Mittel ist aber auch jeder Teil der Welt selbst, insofern die Materie, die nur von Kräften beseelt vorkommt, die Welt selbst bildet. Mittel also ist ebensowohl der zu verändernde Stoff wie der verändernde Stoff, denn das Sichändernlassende und das Ändernde in der toten Materie sind die Kräfte. Es ist also gleich, ob wir in Bezug auf eine Veränderung, eine bestimmte Rechtsverletzung, z. B. die Tötung, die Kugel, die den Organismus zerstört, oder diesen Organismus als Mittel bezeichnen, es sind beides Teile der Materie, die von gewissen Kräften beseelt sind; jene besitzt Festigkeit, Härte, eine gewisse Richtung und Schnelligkeit, dieser Widerstandsfähigkeit,

Zerreißbarkeit usw. Es kommt nun also nur darauf an, wie sich die beiden Mittel, deren Kräfte der Wille gleich sehr in Betracht zu ziehen hatte, zu einander stellen, wie sich die Kräfte summieren und welche Summe, welche Veränderung übrigbleibt. Daß auch Ort, Wetter, Kleidung[26]) und dergl. gewisse Kräfte repräsentieren und Wirkungen hervorzubringen vermögen, versteht sich von selbst; die zu einer jeden Veränderung zusammenwirkenden Kräfte sind eben zahllos und unberechenbar.

Unser obiger Satz würde sich nun also dahin ausdrücken lassen: Wenn die von der Recht verletzen wollenden Absicht in Betracht gezogenen Kräfte, im Verein mit den nicht in Betracht gezogenen (denn deren gibt es immer), die beabsichtigte, Rechtsverletzung involvierende Veränderung ergeben, so liegt Vollendung vor. Die Kehrseite dieses Satzes ist: wenn die von der Rechte verletzen wollenden Absicht in Betracht gezogenen Kräfte im Verein mit den nicht in Betracht gezogenen eine andere Veränderung als die gewollte ergeben, so liegt keine Vollendung vor, sondern das, was wir Versuch nennen wollen, weil es so das positive Recht und die Wissenschaft stets genannt haben.

§ 5.
Die Unabhängigkeit des Willens von der Art der That.

Auch bei dem Versuch ist also die endliche, letzte Veränderung beabsichtigt, gewollt; der Wille ist kausal geworden, er hat Kräfte gewählt und sie für seine Absicht als Mittel benutzt; wenn trotzdem der beabsichtigte Erfolg nicht eintrat, so liegt dies an der Einwirkung von Kräften, die der Thäter nicht in Rechnung zog, nicht bedachte, ja oft gar nicht bedenken konnte — es liegt an einem Mangel des Denkens, oft an dem Mangel einer Voraussicht, die dem menschlichen Verstande einfach nicht verliehen ist, kurz, an etwas, was den Willen des Thäters nicht im geringsten modifiziert. Dies ist indes für gewisse Arten von Mitteln angezweifelt worden, und werden wir daher jetzt die bedeutendsten dieser Bedenken zu widerlegen suchen.

Wir sahen schon oben, daß die Mittel, welche der Thäter in Betracht zog, und die, welche er außer Betracht ließ, einen gleichmäßigen

---

[26]) Man denke z. B. an eine Uhr, ein Geldstück, dessen Festigkeit den Anprall der Kugel paralysiert.

Einfluß auf die That ausüben, und daß der Erfolg von jeder einzelnen der unzähligen zusammenwirkenden Kräfte bedingt ist. Es möchte scheinen als könnten uns im Strafrecht nur die Kräfte interessieren, die vom Willen herbeigezogen wurden, da sie allein allenfalls den Willen irgendwie beeinflussen, also zur Zurechnung in Betracht kommen könnten. In dieser als falsch zu charakterisierenden Meinung hat man diese Mittel denn auch geprüft und in taugliche und untaugliche geschieden. Die gleiche Einteilung der Objekte hat man immer mit jener verbunden und die Gründe für beide gleich aufgestellt. Nur Bar[27]) kommt zu dem überraschenden Resultate, daß beide verschiedenen Beurteilungen unterlägen, ja, daß der Versuch mit untauglichem Mittel strafbar, der am untauglichen Objekt straflos sei. Sobald man der Frage, was denn ein Mittel sei, nahe tritt, muß man aber auch finden, daß die sogenannten Objekte, womit regelmäßig das corpus delicti gemeint ist, eben auch nur Mittel[28]) sind, d. h. Kräfte, Umstände, die zum Erfolge mitwirkten, entweder für die Absicht des Thäters oder gegen dieselbe. Man vergaß eben ganz, daß das Verbrechen gestraft werde, weil es Rechtsverletzung ist, also zum Objekt nur ein Recht haben kann, nicht einen menschlichen Körper, eine Wertsache und dergl. Es sind jene beiden Fragen also ohne weiteres auf eine zu reduzieren. Es soll nun Mittel geben, die zu einem Verbrechen nicht tauglich sind und soll ein Versuch, der wegen solcher Mittel nicht zur Vollendung gediehen ist, straflos bleiben. Hier liegt die Erwiderung nahe, daß dies die allgemeine Straflosigkeit jedes Versuchs aussprechen hieße, da ein jedes Mittel sich als untauglich erwiesen hat, welches nicht zum Erfolg geführt hat. Die nur relative Wirkung, welche in dem Wesen des Mittels liegt, trat hier schon zu Tage; man erkannte jedoch diese Wesentlichkeit nicht, da man vielmehr annahm, es gebe Mittel, die absolut untauglich zur Begehung eines bestimmten Verbrechens wären, obgleich schon diese Beschränkung auf das Verhältnis zu einem bestimmten Verbrechen den Namen „absolut“ eigentümlich beleuchtet. Es ist denn auch in den Beispielen von einer absoluten Untauglichkeit nicht viel zu sehen. Das gewöhnliche Beispiel, Zucker als Vergiftungsmittel, ist nicht stichhaltig, weil Zucker gewissen Kranken den Tod bringen kann, und ebenso sind

---

27) Bar, S. 22.

28) Vgl. oben § 4 S. 9.

die andern Beispiele es nicht, die zum Teil recht abenteuerliche Fälle enthalten.[29]) Nach dem, was besonders Haelschner,[30]) Walther,[31]) Häberlin[32]) und vor allem Hertz[33]) gegen die Aufstellung der ganzen Kontroverse gesagt haben, ist ein näheres Eingehen auf dieselbe überflüssig; auch Georg v. Waechter,[34]) hat sich nachträglich seiner frühern Ansicht begeben und sich für die Strafbarkeit des Versuchs ohne Rücksicht auf Untauglichkeit der Mittel erklärt. Die Reichsgesetzgebung[35]) hat die Frage, entgegen vielen übereifrigen Landesgesetzen, offen gelassen; die Praxis hat sich gegen die Straflosigkeit entschieden.[36])

Dieser Gattung des Versuchs darf nicht das Putativ-Verbrechen gleichgestellt werden, bei welchem der Handelnde eine Veränderung beabsichtigt, die gar nicht Recht verletzt, also gar nicht Objekt des Strafrechts ist; wenn Binding dies doch thut, so ist dies einfach unbegreiflich und wird erst dadurch das aus seinen Grundanschauungen gleichfalls unbegreifliche Faktum erklärlich, daß er den Versuch mit untauglichen Mitteln straflos läßt.

Der einzige Fall, der hier wirklich noch der Beleuchtung zu bedürfen scheint, ist die Frage nach der Strafbarkeit des mit abergläubischen Mitteln begangenen Versuchs. Angeregt wurde diese Frage durch einen Fall, den Feuerbach anführte, wo ein Bauer seinen Feind durch Totbeten beseitigen wollte. Man hat dieses Totbeten immer sehr gemütlich aufgefaßt und dadurch die Sachlage entstellt. Wenn der Bauer nur gebetet hätte: „Lieber Gott, ich bitte dich, laß den Nachbar bald sterben", so läge gar kein verbrecherischer Wille vor, der Fall ginge also das Strafrecht nichts an; die Sache liegt aber anders. Es ist der Fall denkbar, wo wir es weder mit einem bloßen Wunsch zu thun haben, noch auch, was nahe liegt zu glauben, mit Blödsinn. Ein solcher Fall ist denkbar

---

29) Bars Dieb, der mit einer 12' hohen Leiter in ein 40' hohes Fenster steigen will, gehört wohl weniger ins Zuchthaus als ins Irrenhaus.

30) S. S. 185.

31) Vgl. oben S. V.

32) Vgl. oben S. V.

33) Vgl. oben S. V.

34) Kritik z. R.E. S. 103.

35) Motive z. J.E S. 87. A. A.

36) Vgl. Gerichtssaal 1875, S. 313. Entsch. d. Reichsger. 1, 439. 451; 8, 198; 17. 158; 18, 82.

und ist vorgekommen. Hertz[37]) erzählt von einem Bauern, der erst seinen Feind durch Ausräuchern seiner Fußtapfen zu töten suchte und dann, als dieser Versuch erfolglos blieb, ihn erschlug. Dieser Bauer besaß also verbrecherischen Willen in genügender Energie, er hat sich aber statt andern Mittels einer höhern Macht als Mittel bedient, um seine verbrecherische Absicht auszuführen, er hat, aus Irrtum über das Gesetz des Naturkausalismus, welches das direkte Eingreifen höherer Mächte leugnet, eine derartige Macht als Mittel gewählt. Die Frage hat sich nun dahin zugespitzt: Ist eine solche Macht ein taugliches Mittel oder ist in ihr ein vollkommen untaugliches Mittel zu sehen? Dies ist aber gar keine das Strafrecht interessierende Frage, weil dieses nur davon handelt, ob man eine solche That zurechnen und strafen könne oder nicht. Darauf ist hinzuführen. Der Bauer hat ein Mittel, eine Kraft benutzt, die seiner Meinung nach dem gewöhnlichen Naturkausalismus derogieren konnte, die also in dem Naturkausalismus, wie er im Geiste des Bauern sich darstellte, die Absicht zu verwirklichen im stande war, also eine wirkliche Kraft, ein Mittel dort repräsentierte. Und da aller Irrtum bei der Wahl der Mittel, wie wir sahen,[38]) daraus entspringt, daß die Idee des Handelnden vom Naturkausalismus eine in einzelnen Punkten irrige ist, da ein solcher Irrtum auch dem Versuch durchaus wesentlich[39]) ist, so haben wir hier einen regulären Versuch vor uns, der zweifellos zu bestrafen ist.

Das Auffällige an diesem Fall ist strafrechtlich gerade so irrelevant als kulturhistorisch interessant, da es die Zähigkeit, mit der altheidnische Gebräuche im Volke fortleben, bezeugt; denn daß jenes Gebet bei Feuerbach und die Räucherformel bei Hertz' Fall nicht nur den Namen Gottes enthielten, darauf kann man sich verlassen. Wie in der Frithiofssage der zauberkundige König Helgi dem Gegner durch seine Gebete ein paar Trollen (Sturmriesen) nachsendet, um ihn auf der See umkommen zu lassen, so ist auch hier das Gebet als eine beschwörende, die Geister zwingende Macht aufzufassen, also ein sehr taugliches Mittel in der Vorstellung des Handelnden, dessen Unternehmen deshalb strafrechtlich relevant ist; besonders auch, da der so Handelnde sich vollbewußt ist, rechtswidrig zu handeln und die Verantwortung zu tragen, also selbständig zu

[37]) Hertz, S. 87.

[38]) Vgl. oben § 3 S. 9.

[39]) Vgl. oben § 4 S. 10.

handeln: daß er dies Mittel wählt, um unentdeckt zu bleiben, bestätigt dies nur und kann die Sachlage nicht ändern, da jeder Verbrecher straflos zu bleiben sucht. Dem Charakter nach steht und stand der Mord durch Zauberei dem Giftmorde am nächsten, der wohl überhaupt meist vorlag, wo in früheren Zeiten das Verbrechen der Zauberei einmal vollendet und wirksam vorgekommen ist, daher denn das Heimliche der That, die unerklärliche Wirkung dazu führten die geringste Vorbereitung bei diesem Verbrechen zu bestrafen.[40]) Daß der Wahn des Thäters, der aber durchaus nicht mit Stumpfsinn verbunden zu sein braucht, ein Milderungsgrund sein kann, leugnet niemand; daß er's sein muß oder gar straflos zu machen vermöchte, dafür liegt kein Grund vor.

Das einzige besonders zu behandelnde Mittel, dessen Benutzung[41]) aber ebensowenig eine von der Regel abweichende Ahndung hervorbringt, ist der Mensch. Natürlich ist nicht der Fall gemeint, wo der Körper eines Menschen, gerade wie ein totes Werkzeug zu einer Verrichtung benutzt wurde. Dies liegt aber immer vor, wenn der Benutzte nichts von der Absicht des Handelnden wußte; sobald er um diese weiß und trotzdem im Sinne der Absicht handelt, adoptiert er dieselbe und wird nun Teilnehmer. Besonders bemerkenswert ist der Fall, wo er die ganze Ausführung übernimmt; denn in diesem Fall ist der ursprünglich Wollende scheinbar jeder Handlung bar. Aber bloß scheinbar, denn er ist für alle Handlungen des Angestifteten verantwortlich, weil und soweit er sie gewollt hat, denn für ihn ist der Angestiftete nur ein Mittel und also das Geschehene seine eigne Handlung; daher denn auch ihn die gleiche Strafe trifft. Daß er also auch die Versuchsstrafe gegebenenfalls erhält, kann nicht auffallen; ein Milderungsgrund liegt in dem Nichthandeln nicht, da das Gewährenlassen keine geringere Energie verrät.

Denn auch die aktiven Handlungen, die gewöhnlich die Absicht verwirklichen sollen, sind oft notwendig zeitlich getrennt, sie erfordern oft notwendig einen gewissen Zwischenraum, in dem der Willen zu ruhen scheint. Dies ist aber eben bloß scheinbar, denn der Wille läßt während dieser Zeit die Kräfte ihre volle Wirkung entfalten; entweder daß er diese Zwischenentwickelung und die von ihr be-

[40]) Vgl. S. 48 ff. § 17.

[41]) Die Qualifikation beim Komplott ist wegen der Gefährlichkeit gesetzt, also kriminalpolitischer Natur und hier irrelevant.

wirkte Veränderung direkt benutzen will,[42]) oder daß er, um andre Mittel herbeizuziehen, die ersten ruhen lassen muß,[43]) indem er deren etwaige ihm nicht genehme selbständige Veränderungen später zu beseitigen denkt. Kurz, derartige Zwischenräume zwischen den einzelnen Handlungen sind nur scheinbar und unterbrechen die Kontinuität der Realisierung der Absicht durchaus nicht — gibt es doch sogar Verbrechen, die scheinbar aus reiner Unterlassung ohne jede aktive Handlung bestehen.[44]) Die Anwendung der Mittel in diesen Pausen ist eben ein Gewährenlassen, der Natur ihren Lauf lassen; und weiter sind ja jene sogenannten aktiven Handlungen auch nichts, nur daß bei diesen die Wahl der Kräfte sich sinnlich so darstellt, daß der Thäter die Mittel hier erst aneinander bringen muß, die er dort schon beisammen fand. Es kann aus dieser Verschiedenartigkeit des Auswählens an sich keine größere Energie des Wollens gefolgert werden, denn der größere Aufwand von Zeit, Vorsicht und Überlegung kann ebensowohl der Feigheit wie zweckbewußter Energie entstammen; oder zeigt nicht der plötzlich nach raschem Erkennen der günstigen Umstände (d. h. daß nur wenige Mittel aktiv bewegt werden müssen) gefaßte Entschluß zum Verbrechen durch seine schnelle wohlgezielte Verwirklichung eine ganz andre Energie des rechtswidrigen Wollens als manches gleichartige, lang geplante und wohl vorbereitete Delikt? Daß in der größeren Vorsicht größere Energie liegen muß, ist geradezu unwahr; daß sie eine solche zeigen kann, will niemand leugnen. Das einzige, was längere Vorbereitung, größerer Aufwand von Mitteln mit sich führt, ist größere Deutlichkeit des Vorsatzes, d. h. größeres Hervortreten des Bewußtseins von der Absicht und deren Rechtswidrigkeit. Denn wenn ein Mann einen andern, der ihm eben auf der Landstraße zum erstenmal in seinem Leben begegnet, erschlägt und demselben nur etwa bares Geld abnimmt, so daß er nicht am Raube erkannt werden kann, so wird hier der Beweis ungleich

---

[42]) z. B. wenn der Giftmörder ein hohes Stadium der zufälligen Erkrankung seines Opfers abwartet, um unbemerkter und leichter zu töten.

[43]) So z. B. wenn der Thäter das Verbrechen, obgleich alles bereit ist, auf den nächsten Tag verschiebt, um vorher Kräfte zu sammeln, sich Mut zu trinken u. dergl.

[44]) Dies sind die sogen. unechten Unterlassungsdelikte, z. B. das Verhungernlassen; von den sogen. wirklichen Unterlassungsdelikten ist hier nicht die Rede; vgl. oben § 2 S. 5.

schwerer sein als bei einem wohlbedachten Verbrechen, wo ein gewisser Konnex des Mörders und seines Opfers vorhanden zu sein pflegt und auch sonst, da die vielen Vorbereitungen und Erkundigungen nie ganz unbemerkt bleiben, durch nachträgliches Aufmerksamwerden ganz sekundär benutzter Personen der Verdacht auf die richtige Spur geleitet wird und reichliche Nahrung zu finden vermag. Es bestätigt also dies alles nur, daß die Umstände der That für den Beweis des Willens, seines Inhalts und seiner Energie notwendig und hochwichtig sind, daß aus der That auf den Willen geschlossen werden muß; sie selbst aber und ihre Beschaffenheit kann zu der dann folgenden Beurteilung des aus ihr erkannten und abstrahierten Willens nichts hinzuthun.

§ 6.
Die Unabhängigkeit des Willens von dem Grade der Entwickelung der That.

Wenn demnach die Art der That ohne Einfluß auf die Energie des Willens ist, so könnte man noch zweifeln, ob der Grad ihrer Entwickelung einen Einfluß auf die Entwickelung des Willens habe. Hierzu würde folgendes Veranlassung geben.

Die Erkenntnis, daß unvorhergesehene Kräfte die beabsichtigte Veränderung derartig modifizieren, daß sie nicht mehr mit der gewollten kongruiert, kann auch schon früher eintreten, ehe der Handelnde zum letzten Male aktiv in den Gang der Kräfte eingegriffen, einige davon in Bewegung gesetzt und nun etwa nur noch den Eintritt von deren natürlichem Erfolg abzuwarten hat. Den Fall, wo die Täuschung erst in diesem letzten Moment erkannt wird, hat man vielfach[45]) besonders hervorgehoben und mit dem Namen des conatus perfectus (delictum perfectum, delit manqué; Gegensätze: delictum consummatum einerseits und delictum attentatum anderseits) belegt. Nun ist aber soeben[46]) nachgewiesen, daß die Handlung durch Gewährenlassen ebenso eine Handlung, gewollte That ist, wie die aktive Handlung selbst. Dadurch ist die Kontinuität der Aktion vollständig wiederhergestellt und sind die einzelnen Akte, die man sehr sinnlich allein als Handlung zu be-

---

[45]) Vgl. unten § 16 S. 44, auch Berner 182—184, Z. II 3 ff. — Chauveau-Hélie II S. 30 ff.

[46]) Vgl. § 5 S. 14 ff.

zeichnen pflegt, untereinander fest verbunden, weil sie alle Bethätigungen desselben Willens sind, soweit dieser Willen reicht. Soll es nun einen Unterschied machen, wenn einmal der Akt ein Gewährenlassen ist, statt eines aktiven Handelns? Wo doch jedes aktive Handeln auch nur das In-Bewegung-Setzen von Kräften ist, bei denen, weil sie ihren Anstoß direkt aus dem menschlichen Körper erhalten, nur Angriff und Ende weniger weit — zeitlich und räumlich, d. h. sinnlich, nicht begrifflich — auseinanderfallen? Soll man mithin einen Unterschied machen zwischen den Fällen, wo man die letzte Wirkung der Kräfte bis zu ihrem Ende schärfer zu beobachten vermag und denen, wo dies, wegen der Unvollkommenheit unserer Sinnesorgane, nicht gelingt? Daß sich die spitzfindige Doktrin früherer Jahrhunderte darin gefiel, diese Distinktion zu pflegen, ist begreiflich; daß noch jetzt dieser Begriff aufrecht erhalten wird, verdankt derselbe aber offenbar nicht so sehr seiner Bedeutung, als zwei rein praktischen Ursachen: 1. daß man diesen Fall, wo die Absicht anscheinend so ganz unzweifelhaft dokumentiert ist, als besonders stark bewiesen, auch in der Strafe höher ahnden zu können, eine gewisse Berechtigung empfindet, 2. weil in diesem Falle allein eine der besten nicht so sehr dem Recht, als der Gerechtigkeit und der Politik entstammenden Neuerungen, die Straflosigkeit bei thätiger Reue, praktisch zur Geltung kommt. Die letzte Handlung des Thäters zeichnet sich in nichts vor allen andern aus. Nur daß wir gewöhnt sind, gewisse Summen von Handlungen unter den Namen einer Handlung, weil sie uns sinnlich so erscheinen, zusammenzufassen, läßt uns von der Erkennbarkeit einer einzelnen, der letzten Handlung reden, während doch sich niemand vermessen sollte, zu sagen: dies oder das ist die letzte Handlung. Dieses Zusammenfassen von Handlungen, die einzeln sich der Wahrnehmung entziehen, ist ja in den meisten Fällen der Praxis ganz am Platze, nur nicht da, wo es sich um das Erkennen einer jener Einzelhandlungen handeln würde; daß es dann stets zu Mißverständnissen führt, wird sich auch unten[47]) noch zeigen.

§ 7.

Das Ende des Versuchs und das Ende des Willens.

Die Handlung nun, bei welcher aus dem Nicht-Eintritt des gewollten Erfolges das Mitwirken unvermuteter Kräfte erkannt wird, sie

---

[47]) Vgl. § 10 S. 24 ff.

mag sein die wievielte sie wolle, ist das Ende des Versuchs. Denn der Versuch ist Vorsatz, ist vom Verstande beeinflußter und überwachter Wille: der Wille wird nun zwar, wie gezeigt, an sich durch ein Mitwirken ungeahnter Kräfte, (welches auch bei der Vollendung mitwirkt, nur mit weniger sichtbarem Einfluß), nicht modifiziert; das Ende des Vorsatzes ist aber der Moment, wo der Verstand die Überflüssigkeit des Willens erkennt, sei es nun, daß die Absicht voll realisiert ist und somit ihr Ende erreicht, sei es, daß statt dessen die Erkenntnis der Nutzlosigkeit und (relativen) Unmöglichkeit einer weitern Realisierung des Willens in der Richtung auf das bewußte Ziel eintritt. Auch durch dieses Bewußtsein seiner Unmöglichkeit findet der Vorsatz sein Ende, ein Ende, welches dem Willen gar nicht immanent war und ist, sondern welches durch das Verstandsmoment im Vorsatz, also durch etwas außerhalb des Willens Stehendes herbeigeführt wurde. Die Absicht, deren Realisierung so ein jähes Ende findet, war dieselbe, das Willensmoment war dasselbe, auf ganz dieselbe Recht verletzen sollende Veränderung gerichtete, wie bei der Vollendung, also gleichen Inhalts und von gleicher Energie — Versuch und Vollendung unterscheiden sich nicht durch den Willen, nur durch die That, und diese kann zur Beurteilung des Willens nichts hinzuthun.

Begrifflich nicht viel anders liegt der Fall, wo durch Eingreifen eines neuen Willensaktes vom Thäter selbst dem vorigen Willen entgegengearbeitet wird, indem das selbständige im Kausalitätsgesetz begründete Wirken einiger soeben von der verbrecherischen Absicht in Bewegung gesetzter Kräfte durch das Anwenden anderer Kräfte paralysiert wird. Weil und soweit die erste Absicht dann bereits verwirklicht und erkennbar war, wird sie zugerechnet, denn der neue Wille vermag jenen nur aufzuheben, soweit er noch nicht erkennbar verwirklicht ist: facta infecta fieri non possunt gilt dagegen für den bereits erkennbaren Willen.[48]) Auch eine etwa von der neuen Anstrengung nicht aufgehobene, notwendige (und vorher auch gewollte) Wirkung der ersten Willensrealisation gelangt zur Zurechnung, da sie gewollt war. Nach strengem Recht muß also die

---

[48]) Es ist nicht wohl einzusehen, wie **Binding** dies bestreiten will, der die anerkennende Bestimmung des R.St.G.B. § 46, welcher nur die Strafbarkeit, nicht den Versuch für aufgehoben erklärt, tadelt, ohne jedoch einen Grund anzuführen. cf. **Binding** J. E.

gesamte vorhandene Thatseite zur Erforschung des in ihr niedergelegten Willens benutzt werden; finden sich dann zwei einander entgegenstehende Absichten, so würde daraus durchaus nicht folgen, daß die Beurteilung der einen auf die der andern von Einfluß sein müsse. Die Absicht, Recht zu verletzen, wird gestraft, also ist jene erste Absicht, die Rechte verletzen will, zu strafen; die zweite, die dies nicht will, bleibt straflos. Nicht aus dem Grunde der Strafe, dem Rechtverletzen-wollen, sondern aus dem Zweck der Strafe, der Herstellung des Rechtszustandes, stammt die Berücksichtigung jener zweiten Absicht bei Beurteilung der ersten. Der Wille begibt sich seiner Empörung und tritt aktiv in den Dienst der Rechtsordnung, indem er deren ausgleichende Thätigkeit unterstützt; die Gerechtigkeit erfordert also, dem identischen Willenssubjekte dieses zum Lobe, wie jenes zur Schuld zuzurechnen und eine Kompensation eintreten zu lassen, indem sie jenen Willen, soweit er seine eine Rechtsverletzung involvierenden Veränderungen wieder durch neue Veränderungen sinnlich vergeßbar gemacht hat, zu vergessen scheint; soweit er jene Rechtsverletzung freilich nicht vergeßbar machte, soweit eine wirkliche Rechtsverletzung noch vorhanden bleibt, wird sie ihm zugerechnet. — Daß es ganz gleichgültig ist, in welchem Moment jene neue Absicht eintrat, (ja sogar ob die alte dann bereits vollendet ist), versteht sich nach dem Gesagten von selbst, ein etwas späteres Eintreten wird nur das Verlöschen der Veränderungen erschweren, und sehr oft wird durch baldiges Zutreten neuer Momente die Rechtsverletzung gar nicht mehr zu verwischen sein. Die Fälle, die das Reichsrecht hier beim unvollendeten Verbrechen unterscheidet, der freiwillige Rücktritt[49]) und die thätige Reue, sind daher in bezug auf die Thätigkeit des ersten, strafbaren Willens und somit für die strengrechtliche Kognition identisch; aber das überall (selbst noch nach der Vollendung) strafmildernde Moment der Reue bringt bei beiden kriminalpolitische, nicht kriminalrechtliche Rücksichten zur Geltung, die nicht einmal notwendig dieselben zu sein brauchten.[50])

---

[49]) John, E. S. 220 ff. will ihn (mit Unrecht) strafen, wozu er durch die Identität mit der damals noch nicht straffreien, thätigen Reue bewogen wird.

[50]) Im Badischen Strafgesetz § 118 tritt denn auch bei thätiger Reue nicht Straflosigkeit, sondern Milderung ein. Vergl. A. A. zu Nr. 5, Anlage 1 S. XXXVI.

§ 8.

Der Anfang des Willens und der Anfang des Versuchs.

Über die Entstehung des Willens wurde bereits oben[51]) gesagt, daß wir rechtlich als Moment der Geburt des wahren, handelnden Willens erst den Moment der ersten Handlung betrachten dürfen: ein Wille, der Entschluß bleibt, ist rechtlich irrelevant; denn gerade daß er vermöge seiner Natur zu handeln vermag, daß er kausal werden und Veränderungen (also auch solche, die Rechtsverletzungen involvieren) hervorbringen kann, daß er also Recht zu verletzen im stande ist, das macht ihn zum Objekt der Zurechnung Auch die Verletzung eines Rechts, so sehr sie an sich schon das Recht interessiert, entzieht sich dessen Kritik doch immer, sobald die Veränderung, welche die Rechtsverletzung äußerlich darstellt, als das Ergebnis von Kräften sich charakterisiert, die, nicht von einem menschlichen Willen in Bewegung gesetzt, nur den ihnen innewohnenden im Naturkausalismus begründeten Gesetzen folgend wirkten. Die Rechtsverletzung ist also nur dann relevant, wenn die sie involvierende Veränderung sich als das Ergebnis eines Willens darstellt. Der Grund der Zurechnung kann also nicht die Rechtsverletzung sein — denn sonst müßte es auch der Lawine zugerechnet werden, daß sie den Wanderer verschüttet — sondern der Wille, der das Ziel hat, Recht zu verletzen, die Recht verletzen wollende Absicht ist das Zuzurechnende. Auch hieraus ergibt es sich, daß zur Strafbarkeit (es ist hier vorläufig nur von der absoluten die Rede) der Erfolg, der die Rechtsverletzung involviert, irrelevant ist, weil diese selbst nicht Grund der Zurechnung ist; wäre sie dies, wäre also der Erfolg Bedingung der Strafbarkeit, so würde das Strafrecht bei der oben gefundenen zufälligen und unberechenbaren Entstehungsart des Erfolges zu den größten Inkonsequenzen kommen. Die Frage nach dem Anfange der Zurechnung überhaupt und damit auch die nach dem des Versuchs identifiziert sich also begrifflich mit der nach dem Anfange des Willens, und da diese bereits beantwortet war, so ist als Anfang des Versuchs die erste Handlung anzusehen, durch welche der Wille seine verbrecherische Absicht bethätigt.

---

[51]) Vgl. oben § 1 S. 3 ff.

§ 9.
Die Überfüssigkeit und Unbestimmtheit des Anfanges der Ausführung.

Der Wille, die Absicht sind Abstrakta und bedürfen der Verkörperung, der Bethätigung, um in der Sinnenwelt erkannt zu werden und zu gelten. Denn wenn auch die Zurechnung in der abstrakten Welt bestimmt werden kann, so muß, sobald die Bestrafung, die notwendige Konsequenz der Zurechnung in der Sinnenwelt, in Frage kommt, die sinnliche Verkörperung jener Begriffe zunächst ins Auge gefaßt werden, die nicht immer ganz klar zu Tage liegt. Die rechtswidrige Absicht nun verkörpert sich, wie schon oben gezeigt, in Handlungen. Je nach dem größern oder geringern Aufwand von Verstandsthätigkeit bestimmt sich dann die Deutlichkeit der Erkennbarkeit der rechtswidrigen Absicht aus den Handlungen. Aus der Reihe der einzelnen, sinnlich wahrnehmbaren Akte schließt der Urteiler, ob dieselben als Wirkungen eines Willens geschehen sind oder nicht; findet er, daß sie einem Willen, einer rechtsverletzenden Absicht entstammen, so rechnet er diesem Willen die Handlung selbst zu und straft dieselbe. Dieses Urteil wird nun besonders erleichtert in dem Fall, wo sich, durch Nicht-Eintritt bedeutender Veränderungen gegen oder ohne den Willen des Handelnden, die That als Vollendung gestaltet. Denn in diesem Fall läßt sich das Ziel der Absicht, die beabsichtigte Rechtsverletzung aus der Lage der Verhältnisse am Ende der Handlungen abstrahieren und gewinnt dadurch die Untersuchung des vorher Geschehenen einen sichern Anhalt, nach den Spuren welcher Absicht sie zu suchen habe. Beim Versuch dagegen, wo die Verkörperung des Ziels der Absicht, die Rechtsverletzung ganz oder teilweise fehlt, ist das Erkennen der Absicht weit weniger leicht.

Diese Schwierigkeit des Beweises der Absicht allein schon schränkt die Besorgnis derjenigen ein, die es für hart und ungerecht halten, wenn als Konsequenz des Satzes, daß jede Bethätigung der verbrecherischen Absicht Versuch sei, jede solche Bethätigung zur Strafe gezogen wird. Indessen ist es erstens gar nicht abzusehen, warum eine solche verbrecherische Absicht nicht gestraft werden solle,[52]) da sie ja den einzigen existierenden Strafgrund in sich schließt und sich

---

[52]) Vgl. John, E. S. 218.

dessen ja auch bewußt ist — und ferner dürfte es schwer sein, einen Rechtsgrund zu finden, der die Strafe noch von einer andern Bedingung abhängig machte. Denn bei der oben gezeigten Kontinuität der Handlungen,[53]) bei der bewiesenen Gleichwertigkeit aller Kräfte und Mittel[54]) erscheint es wirklich als willkürlich, noch einen Absatz in der Reihe der Handlungen zu machen. Und daß man einen solchen, selbst wenn man ihn machen will, nicht zu fixieren vermag, daß jede dahingehende Bestrebung sich als prinziplos ergibt, das zeigt eine Übersicht der Litteratur ganz schlagend. Die Monographie von Chop, welche alle vorgängigen Bestrebungen in dieser Hinsicht mit großem Fleiße und vieler Einsicht kritisiert, wendet leider dieselbe Kritik nicht auf ihre eignen Resultate an, sonst müßte wahrlich der Verfasser selbst eingestehen, daß die Klassifikationen, die er als Resultate[55]) aufführt, zum Teil zwar ganz gute Ratschläge für die Praxis, aber kein begriffliches Teilungsprinzip sind und den „Anfang der Ausführung" nicht zu fixieren vermögen. Mit mehr Selbsterkenntnis stellt Bar[56]) seine Kategorieen als praktische Fingerzeige ohne erschöpfende Bedeutung auf und seine Schlußthesen tragen auch unverkennbar den Charakter des Unsichern und Schwankenden. Auch Zachariae, Luden, Krug, Mittermaier haben, wie Chop mit großem Recht hervorhebt, nur gesagt: was nicht Versuch ist, ist Vorbereitung, und was nach Vorbereitung kommt, ist Versuch; sie geben gar keine Definition. Chop verfällt in das andre Extrem und gibt deren zwei, die von ganz verschiedenen Standpunkten ausgehen und deshalb notwendig in einander übergreifen. Am nächsten der oben vertretenen Ansicht steht Haelschner, der[57]) nur diejenige Handlung für Versuch erklärt, „in der sich alle wesentlichen, zum Thatbestande des Verbrechens erforderlichen Momente erkennbar, aber unvollständig verwirklicht haben". Diese Momente sind aber nach seinem System: rechtsverletzende Absicht, die Handlung geworden ist. Schon vorher[58]) erkennt er auch an: „alle Bemühungen, diesen Punkt oder diese Grenzlinie in allgemein gültiger Weise festzustellen, würden stets

[53]) Vgl. oben § 5 S. 14 ff.
[54]) Vgl. oben § 4 S. 9 ff.
[55]) Vgl. Chop, S. 97.
[56]) S. 29.
[57]) S. 209.
[58]) S. S. 21.

vergeblich sein", was ihm Chop[59]) natürlich als Leichtfertigkeit schwer verdenkt.

§ 10.
Der „Anfang der Ausführung" des positiven Rechts.

Es kann nun eine Wiederlegung jeder einzelnen Ansicht der verschiedenen Schriften und Lehrbücher, die stets etwas abweichen, ohne doch der Sache näher zu kommmen, hier unmöglich unternommen werden; das Ergebnis einer Durchsicht derselben war überdies, daß selbst in den neueren derselben sich nichts eigentlich Neues zu dieser Frage vorfindet.[60]) Es dürfte sich daher hier empfehlen, nur die Auffassung des deutschen Reichsstrafgesetzbuches zu prüfen, die Allen als Grundlage dient.

Das einzige, was der § 43 des Reichsstrafgesetzbuches deutlich sagt, ist: Es gibt Handlungen, die einen Anfang der Ausführung enthalten, und solche, die dies noch nicht thun, erstere heißen Versuch und sind strafbar, und (können wir aus dem Sprachgebrauch der Praxis zusetzen) letztere heißen Vorbereitung und sind straflos. Außer dieser Willenserklärung des Gesetzes, daß zwei so benannte Arten Handlungen außer der Vollendung noch möglich sind, erfährt man nur noch, daß die eine Art einen Anfang der Ausführung des Verbrechens enthält. Versuchen wir es mit der Verbalinterpretation.

Anfang ist ein relativer Begriff, da ein absoluter Anfang nicht gedacht werden kann; er bezeichnet in einer Reihe von Dingen, die einer höheren Einheit angehören, einen willkürlich gewählten Punkt, der dazu dient, die diesseits befindlichen Dinge unter einen, und die jenseits unter einen andern, immanenten oder hineingelegten Begriff zu vereinigen und so beide Teile voneinander zu trennen. Übertragen braucht man das Wort auch für das erste jener Dinge der zweiten Reihe. Diese zweite Reihe wäre hier also die Ausführung, resp. die Ausführungshandlungen des Verbrechens, indem sie sich von den Vorbereitungshandlungen durch jenen Anfangspunkt schieden. Der Begriff „Anfang der Ausführung" wäre mithin gleich: erste Handlung unter den Ausführungshandlungen. Was ist nun aber eine Ausführungshandlung? „Ausführen" heißt „zu

[59]) Chop. S. 21.

[60]) d. h. außer dem in dieser Arbeit, besonders auch unter § 11 Angeführten.

Ende führen", und zwar, wie dies in dem Adverb „ausführlich" besonders hervortritt, „mit einer gewissen Langsamkeit oder doch Zeitdauer". Daher würde die Ausführung des Verbrechens, gleich der Vollendung, sein: die Realisierung seiner sämtlichen Momente, und Anfang der Ausführung würde sein: Anfang des ersten zum Verbrechen gehörigen Moments.

Dies ist auch der wesentliche Inhalt der meisten Auslegungen. Der Fehler derselben liegt denn auch nicht in den Worten „Anfang der Ausführung", sondern vielmehr darin, was dieselben unter den Momenten eines Verbrechens verstehen.[61]) Zachariae,[62]) der auch den Beginn einer Handlung verlangt, „welche als wirklicher Bestandtheil der im Gesetz bedrohten That betrachtet werden könne", will mit dem Worte „Bestandteil" nur die im Gesetz genannten Merkmale der That zusammenfassen. Dies wäre aber nur bei einem Gesetzbuch möglich, welches in idealer Vollständigkeit der Kasuistik sämtliche Fälle der Tötung usw. im voraus zu bestimmen vermöchte. Das Reichs-Strafgesetzbuch unternimmt dies nur in einigen Fällen (z. B. beim qualifizierten Diebstahl) und hier auch nur wegen der besonders gewollten Strafmaße; gerade in den wichtigsten Fällen versagt es die Definition der verbrecherischen Handlung, wie z. B. bei Mord und Totschlag. Hier fragt es sich also wieder: was ist Ausführung des Mordes? Dem Urteiler bleibt im einzelnen Falle die Entscheidung darüber überlassen und ist ihm somit auch durch die Worte „Anfang der Ausführung" kein Anhalt geboten. Auch führt die Theorie Zachariaes, weil sie gesetzliche und rechtliche Merkmale des Verbrechens fälschlich identifiziert, zu falschen Konsequenzen, wie Chop[63]) richtig erkannt hat; wenn der Thäter seinem Opfer die vergiftete Speise vorgesetzt hat, so ist dies

---

[61]) Um nicht in denselben Fehler zu verfallen, vermeiden wir es in diesen dehnbaren Begriff die oben als wesentliches Moment des Verbrechens charakterisierte Kontinuität der Handlungen als der Verkörperung einer rechtswidrigen Absicht einzuschieben, obgleich dieses nahe liegt. Das Gesetz will aber offenkundig etwas andres und deshalb darf der bestehende Zwiespalt nicht verdeckt werden. Daß das Gesetz die Möglichkeit und Begründbarkeit der Bestrafung von Vorbereitungshandlungen nicht leugnet, zeigt die Verschiebung der Begriffe Versuch und Vollendung beim Hochverrat, R.St.G.B. §§ 82 und 86; wiewohl aus dieser stark kriminal-politisch beeinflußten Bestimmung sonst nichts gefolgert werden kann.

[62]) Z. I S. 203. Vgl. Arch. V S. 577 ff.

[63]) Chop, S. 11.

kein wesentlicher Bestandteil des Mordbegriffs und doch ein Versuch eines Mordes.

Der Gedanke, der den „ominösen Worten“, wie Haeberlin[64]) sie nennt, zu Grunde liegt, ist durch nichts in dem Gesetze erläutert; es ist dem Richter überlassen, in jedem Fall die Reihe der zur Ausführung des Verbrechens zugehörenden Momente zunächst aufzustellen, bezüglich deren er dann prüfen soll, ob ein Anfang gemacht sei. Dies ist eine petitio principii. Bei der Mannigfaltigkeit der möglichen Ausgänge, welche eine angefangene That hätte haben können, wenn der Thäter nicht gestört worden wäre, ist es Widersinn, dem Richter zuzumuten, daß er zunächst den Thatbestand bis zur vollendeten Ausführung aus der Phantasie ergänzen und erst dann messen soll, ob das in der Wirklichkeit abgespielte Stück einen großen oder kleinen, einen integrierenden oder entfernten Teil der ergänzten Gesamtthat bildet. Dies aber ist der einzige Weg, auf dem die Scheidung der vorhandenen Geschehnisse in vorbereitende und ausführende erfolgen könnte, den also das Gesetz verlangt. Die Gesetzesbestimmung will die vorhandenen Geschehnisse in zwei Kategorieen teilen, die beide in Abhängigkeit, in Vergleichung gebracht sind zu einem dritten Geschehnis, der vollendeten Handlung. Dieses dritte aber ist ein non-ens, und damit ist diese Vergleichung mit ihm eine so unsichere, unlogische Basis, daß sie für einen Richterspruch absolut ungeeignet erscheint. Und hierzu kommt, daß in dieser Vergleichung mit einem Phantasiegebilde, in der Abmessung des vorhandenen Fadens der Erlebnisse im Verhältnis zu einer unbekannten Größe noch als Unterscheidungsmerkmal zwischen Versuch und Vorbereitung einzig das Gesetz dient: Vorbereitung ist alles, was noch kein Teil des zu konstruierenden Phantasiegebildes ist, Versuch ist alles, was schon als Teil in dasselbe hineinreicht. Es ist ganz von der Art abhängig, wie der urteilende Richter sich die vollendete „Ausführung“ ergänzen, erdenken, erdichten will, ob der vorhandene Teil innerhalb oder außerhalb seines Kriminalromans fällt.

Man wolle nicht mißverstehen: in vielen, vielleicht in den meisten Fällen, die zur richterlichen Kognition gelangen, werden diese Romane der Wahrscheinlichkeit so vollkommen entsprechen, daß kein Unrecht geschieht; überall da nämlich, wo eben die Absicht aus den

---

[64]) Gerichtssaal 1875, S. 620 ff.

vorhandenen Handlungen so unzweideutig hervorgeht, daß die beim Fernbleiben hindernder Momente zu erwartende Vollendung leicht zu ergänzen scheint. Aber nicht darum handelt es sich; denn diejenigen Handlungen, die zur richterlichen Kognition qua Straffälle gelangen, sind eben bereits durch die Thatsache ihrer Anzeige als solche gekennzeichnet, in denen eine sträfliche Absicht mit Recht oder Unrecht von den Denunzierenden erblickt worden ist; es handelt sich also darum, ein scharfes gesetzliches Kennzeichen zu schaffen, mit dem der Urteiler die etwa zu Unrecht verdächtig gewordenen Handlungen ausscheiden könne. Und als solches scharfes Kennzeichen kann es nimmermehr erscheinen, wenn erst der Hinblick auf eine nicht in der Wirklichkeit abgespielte That, sondern auf eine im futurum oder futurum praeteritum als wahrscheinlich gedachte Fortsetzung vorhandener Thatsachen über diese letzteren ein Urteil ermöglichen soll. Der Zweck, den das Gesetz mit diesem Kriterium gewollt hat, kann ja doch wortdeutlich nur der sein, daß nicht Handlungen gestraft werden, die noch nichts von dem wesentlichen Inhalte der in Aussicht genommenen Strafthat enthalten. Hierfür wird ein Kriterium aber nie in der Art der hundertfach wechselnden Begebenheiten, sondern nur in dem dieselben strafrechtlich relevant machenden Willen gegeben werden können; da der Wille als rechtsverletzende Absicht das einzig wesentliche, unbestritten jedenfalls das wesentlichste Moment auch der vollendeten Strafthat ist, so ist in der Nichtdeutlichkeit, Nichtbeweisbarkeit der Absicht ein ganz sicheres Merkmal für diejenigen Handlungen, die straflos bleiben sollen, gegeben. Thatsächlich wird bei Entscheidung nach diesem Kriterium nie eine Handlung zur Strafe gezogen werden können, die nicht in hinreichender Klarheit die zu vollendende Strafthat zur Anschauung bringt und erkennen läßt.

§ 11.
Konsequenzen und Resultate.

Die bloße Verlegung des Anfangspunktes der Strafbarkeit des Versuchs, wenngleich sie unzweifelhaft zu einer gerechteren Bestrafung das wesentlichste Erfordernis ist, würde zwei weitere Veränderungen verlangen, wenn sie ihren Zweck ganz erreichen soll; die Herabminderung des Strafminimums auf eine sehr geringe Position und eine Änderung des Beweisverfahrens im Strafprozeß. Um ersteres zu erläutern, ist es nötig, auf die relative Strafbarkeit des Versuchs mit einigen Worten zurückzugreifen.

Die Gesetze bestimmen das Strafmaß, das proportioniert der Größe der Rechtsverletzung sein soll; je nach den Umständen, nach den Motiven und besonders nach der Energie des Willens hat der Urteiler dann die Strafe innerhalb eines gegebenen Rahmens dem einzelnen Falle der Rechtsverletzung anzupassen. Die Gesetze nehmen, obwohl sie die Absicht, das Recht zu verletzen, bestrafen, notgedrungen deren deutlichste Erscheinung, die Vollendung, zum Ausgangspunkt. Die Strafzumessung bei einem Fall der Vollendung macht also schon deshalb weniger Schwierigkeiten; außerdem aber, wie wir oben[65]) sahen, auch deshalb, weil die Erkennbarkeit der vollendeten Rechtsverletzung eine verhältnismäßig sichere ist. Alle Zweifel aber treten verstärkt auf beim bloßen Versuch; denn hier, wo die Rechtsverletzung nur beabsichtigt, nicht vorhanden ist, ist die Möglichkeit eines Falschsehens, eines Irrtums in der Beurteilung eine ungleich größere, und wird der Richter oft über den Grad der Verschuldung, d. h. der Energie des Willens in Zweifel kommen. Daß über das Vorhandensein der Absicht nebst konkludenten Handlungen und über deren Rechtswidrigkeit, d. h. also das Vorhandensein eines bestimmten zu verletzenden Rechts kein Zweifel bestehen darf, weil natürlich der Mangel am Thatbestand sofort jede Zurechnung aufhebt, bedarf keiner Erwähnung. Jene Unsicherheit hat gute Gründe; denn erstens trifft der Schluß, wenn auch durchaus nicht immer, doch häufig zu, daß Mangel an Energie, Hast oder sonstige verzeihliche oder lobenswerte Regungen in dem Verbrecher jene Fehler in der Ausführung, an denen so oft ein Verbrechen scheitert, bewirkt haben, und zweitens ist bei der Natur des Menschen darauf zu rechnen, daß, wie ein großer Prozentsatz seiner Entschlüsse ungethan bleibt, so ein großer Teil der bereits in einer momentanen Willensanspannung begonnenen Verwirklichungen von Absichten aus nachfolgender Schlaffheit, oder bei Verbrechen aus Reue, nicht beendet werden. Diese Möglichkeit des Rücktritts vor allem, die, wie wir sahen,[66]) auch beim sogenannten conatus perfectus noch bleibt, wirkt lähmend auf den Arm der Gerechtigkeit und läßt ihn zögern, die volle Ahndung eintreten zu lassen. Man führe hiergegen nicht an, daß der Richter den Beschuldigten entweder

[65]) § 9 S. 21.

[66]) Vgl. § 7 S. 19.

für schuldig oder für nicht schuldig halten und also entweder strafen oder freisprechen müsse. Der Richter ist ein Mensch und kann irren, und daß er das Bewußtsein seiner Fehlbarkeit in der Strafe zum Ausdruck bringen dürfe, wie er dies regelmäßig zu seiner Beruhigung wünschen wird, ist eine Lehre, die z. B. sämtliche Gegner der Todesstrafe anerkennen, indem sie Freiheitsstrafen wegen der Möglichkeit, die Folgen eines irrigen Urteils wieder gut zu machen, bevorzugen. Die angeführten Gründe nun sind die einzigen, die heutzutage die geringere Strafbarkeit des Versuchs verteidigen, und sie genügen auch völlig, so daß man nicht sich hinter einem „echt germanischen Grundsatz" zu verschanzen braucht. Denn daß der Strafgrund der alten Germanen nicht der unsrige ist und sein soll, wird wohl nicht bezweifelt werden; und aus dem Strafgrund allein entscheidet sich die Frage.

Will man nun also die Strafbarkeit auch schon auf jene, oft mit sehr geringer Energie ausführbaren und ausgeführten Handlungen, die wir als Vorbereitungshandlungen bezeichnen, ausdehnen, so muß demgemäß eine Erniedrigung des möglichen Strafminimums als conditio sine qua non gestellt werden. Nicht also, weil diese Vorbereitungshandlungen einen geringen Grad der Ausführung enthalten, weil sie noch weit von der Vollendung sind, wie man dies früher grobsinnlich durch den Namen conatus remotus ausgedrückt hat, nicht deshalb muß das Minimum erniedrigt werden; sondern weil in dieser Art Handlungen sich ein so geringer Grad von Energie zeigen kann,[67]) wie er in der Regel zu den weitern Akten nicht gelangt, der dort also nicht berücksichtigt zu werden brauchte, der aber hier sein eignes Strafmaß haben muß. Jene Skala für die Energie, aus der Entfernung von der Vollendung genommen, ist eine grobsinnliche, und es war mehr als wünschenswert, daß sie aus dem Juli-Entwurf des Norddeutschen Strafgesetzbuches[68]) nicht in die spätern Versionen überging. —

Auf einen zweiten Übelstand macht John aufmerksam, und man muß sagen, daß er recht eigentlich den Kern der ganzen Sache trifft. Es betrifft dies die Beweisfrage, deren ausschlaggebende

---

[67]) Ebensowohl können sie auch sehr hochgradige Energie enthalten, z. B. wenn der Verfertiger einer Höllenmaschine bei der ersten Probe selbst getötet wird, ist er nur zur Vorbereitung gekommen, und seine Energie war, wie die Probe beweist, eine der denkbar bedeutendsten.

[68]) § 38 Al. 5.

Wichtigkeit wir schon wiederholt hervorhoben. Bisher nahmen wir stillschweigend an, daß die rechtswidrige Absicht nur aus ihrer eigenen Bethätigung, aus den Handlungen, welche ihre Verwirklichung bewirken sollen, erkannt werden könne. Es sind aber dabei zwei Arten von Handlungen übersehen worden, die eine Erkenntnis der Handlung zulassen, ohne daß sie deren Verwirklichung bewirken wollen oder sollen. Dies sind die Drohungen und das Geständnis.

Was erstere anbetrifft, so charakterisieren sie sich als Verwirklichungen einer ganz andern Absicht als derjenigen, von der sie Zeugnis geben. Der Drohende will dem Bedrohten Furcht einjagen, ihn kränken, und daher kann die Drohung ein selbständiges Delikt, der Beleidigung und Nötigung ähnlich, werden. Außerdem zeigt aber die Drohung Gesinnungen, sie redet von künftigen Handlungen rechtswidrigen Charakters, so daß, wenn diese später wirklich eintreten, ein Rückschluß auf den Thäter möglich ist, der natürlich noch der Unterstützung bedarf, aber im Verein mit andern Anzeichen ein Beweismoment auszumachen pflegt.

Das Geständnis ist ebenso eine Äußerung des Thäters über seine Handlung, und oft speziell über seine Absicht und seine Auffassung von deren rechtlichem Charakter. Hier fehlt die verwirrende Konkurrenz eines andern rechtswidrigen Willens. Das Geständnis ist aber der Regel nach eine weit mehr vorbedachte, überlegte Handlung, und darum ist zunächst eine Absicht zu täuschen viel wahrscheinlicher, wodurch das Zeugnis an Wert verliert. Aber viel integrierender wirkt, daß beim Geständnis wie bei der Drohung eine Selbsttäuschung des Handelnden über jenen Willen, von dem er aussagt, möglich ist, ja daß sogar, da Kenntnis ihres Willensinhalts und ihrer Willensenergie durchaus nicht der Mehrzahl der Menschen gegeben ist, eine solche Selbsttäuschung ebenso oft vorliegt wie fernbleibt, und daß, wenn man die Fälle absichtlicher Täuschung dazu nimmt, sich ein äußerst geringer Wert dieser Erkenntnisquelle ergibt. Unberechtigt erscheint es deshalb, daß ein Geständnis — die Drohung wird geringer geschätzt und vermag daher nur weniger schädlich zu wirken — noch immer die regina probationum ist und bei einiger Kongruenz mit andern Thatsachen vollen Beweis macht (wenn auch nicht mehr dem Rechte nach, so doch de facto noch immer). So erscheint J o h n s Forderung durchaus gerecht, daß das Prozeßverfahren von Verhörung des Angeklagten überhaupt Abstand nehme, eine Forderung, der ja auch der amerikanische Prozeß entspricht und der Reichskriminalprozeß sich genähert hat. Bei einem solchen Verfahren, wo nur die Handlungen, aus denen die wahre Absicht allein erkannt werden kann, zu deren Erkenntnis herbeigezogen werden, wird dann eine ganze Menge von Handlungen sich von selbst der Strafbarkeit entziehen, die in der That noch keinen unzweifelhaften Willen bekunden, wie der Kauf einer Pistole und dergleichen, die meist mit dem Bewußtsein, durch den Kauf noch nicht zum Morde verbunden zu sein, geschehen; und wo eine solche Absicht sich dennoch unzweifelhaft dokumentiert hat, da wird ein erniedrigtes Strafminimum die Würdigung jeder Nüance gestatten.

Das Resultat der vorstehenden Untersuchung würde nach alledem lauten:

Ein strafbarer Versuch ist anzunehmen, sobald die rechtswidrige Absicht sich aus Handlungen, die sie verwirklichen sollen, erkennen läßt.

Im modernen positiven Recht ist indes der Anfang der Strafbarkeit von dem Moment des Anfangs der Ausführung abhängig gemacht, einem schwankenden, nicht zu fixierenden Begriff, dessen Zweck, die Strafbarkeit zu beschränken, durch die Adoptierung des gemeinrechtlichen Begriffs im Verein mit gewissen ohnehin gebotenen Modifikationen des Strafmaßes und Beweisverfahrens besser und gerechter zu erreichen sein dürfte.

Zweiter Teil.

Der Versuchsbegriff im positiven Recht.

§ 12.

Vorwort.

Es soll nun im folgenden gezeigt werden, daß der im Reichsstrafgesetzbuche aufgenommene Wortlaut der Versuchsbestimmung durchaus nicht von Anfang an die vorstehend erörterte abweichende Bedeutung hat wiedergeben sollen, sondern daß diese Bedeutung mißbräuchlich, beziehungsweise mißverständlich, in Worte hineingetragen worden ist, welche ursprünglich lediglich ein Ausdruck der richtigen Versuchsdefinition waren und sein sollten.

Da zu dieser Beweisführung neues bisher nicht benutztes und zum Teil ungedrucktes Aktenmaterial angezogen ist, so empfahl es sich zur Herstellung einer vollständigern Übersicht, auch die Wandelungen der Bestimmung des strafbaren Versuchs im ältern Rechte bis zur Entstehung derjenigen Form zu rekapitulieren, deren Identität mit dem heutigen Rechte wir entgegen der herrschenden Meinung behaupten. Und wenn auch, wie nach den Ausführungen Zachariaes nicht wohl bezweifelt werden kann,[1] vor der Carolina von einem vollbewußten Versuchsbegriff nicht wohl die Rede sein kann, so kann die Untersuchung nicht gleich mit der Peinlichen Gerichtsordnung beginnen, da über deren Bestimmungen die Meinungen so kontrovers sind, daß nur eine eingehende Prüfung ihrer nächsten Grundlagen (die man sehr mit Unrecht ausschließlich in der romanistischen, statt in der germanistischen Rechtsentwickelung gesucht hat), Klarheit verschaffen kann. Da nun auch über diese Quellen diametral entgegengesetzte Meinungen vorliegen, so muß notwendig das altgermanische und römische und der Vollständigkeit wegen auch das mosaische Recht zur Interpretation herbeigezogen werden.

§ 13.

Das mosaische Recht.

Im mosaischen Recht findet sich nur eine Stelle, die ein unvollendetes Verbrechen wirklich zeigt, nämlich im Deuteronomium:[2] „Wenn Dich Dein Bruder . . . . verlocken würde heimlich und sagen: Laß uns gehen und andern Göttern dienen" —. Diese Handlung würde außer der Anstiftung zur Apostasie, für die Person des Anstifters[3]) einen durch Handlungen dokumentierten Entschluß der Apostasie involvieren; aus der Motivierung der Strafe:[4]) „Du sollst ihn zu Tode steinigen, denn er hat Dich wollen verführen von dem Herrn, Deinem Gott" erhellt jedoch, daß nur die Anstiftung und nicht der manifestierte verbrecherische Entschluß des An-

---

[1]) Eingeräumt wird es z. B. von Haelschner, s. S. 174 Anm. 6.

[2]) Deut. 13 v. 6—11.

[3]) Da die Anstiftung selbst hier keine Versuchsart, sondern ein delictum sui generis wäre.

[4]) Deut. 13 v. 10.

stifters als strafbar angesehen wird, obgleich die vollendete Apostasie denselben nach den Schlußbestimmungen[5]) des Kapitels auch der Todesstrafe hätte verfallen lassen und es daher wohl zu erwarten wäre, daß sein Versuch dieses Verbrechens, des schwersten in einer Theokratie, als gleichzeitiger Strafgrund bei der Motivierung ausdrücklich erwähnt würde, wenn eben ein Versuch nach damaligen Rechtsbegriffen strafbar gewesen wäre. Es wäre somit müßig zu prüfen, ob dieser verbrecherische Entschluß bereits aus dem Vorstadium heraus und in das des Versuchs hineingetreten sei, da weder das eine noch das andre, weil jedenfalls hier straflos, etwas für die Untersuchung beitragen würde.

Die übrigen Fälle, die Zachariae[6]) hier anführt, sind in keiner Weise als Versuch aufzufassen; nicht nur, daß der Grund der Strafe des Mordes immer die Notwendigkeit ist, das vergossene Blut mit Blut zu sühnen,[7]) (was so weit geht, daß an Stelle des unbekannten Mörders ein Opfertier bluten muß)[8]) und so das Land zu reinigen,[9]) daß mithin die Voraussetzung der Strafe immer vollendete Tötung ist, sondern auch die Fassung der Bestimmung über Mord und zufällige Tötung,[10]) wo zu jeder Tötungsart die Worte zugefügt sind: „(so) daß er stirbt", lassen keinen Zweifel, daß eine vollendete Tötung verlangt ist. In der Bestimmung des Exodus[11]) ist von einer schweren Körperverletzung die Rede, die aus gegenseitigem Zank[12]) entstanden ist, und daher tritt nicht die sonst gewöhnliche Strafe der Verletzung,[13]) die Talion, ja nicht nicht einmal ein Schaden- und Kurkostenersatz ein. Ein animus occidendi, der die Handlung zur versuchten Tötung machte, ist nicht ersichtlich. Auch der Fall von falschem Zeugnis[14]) im Deuteronomium wäre nach heutigem Recht vollendete falsche Anschuldigung, mithin sehen wir im mosaischen Recht unvollendete Verbrechen gar nicht erwähnt.

---

[5]) Deut. 13 v. 12—17.
[6]) Z. I S. 163 und 164.
[7]) Num. 35 v. 33.
[8]) Deut. 21 v. 1—9.
[9]) Vgl. auch Deut. 21 v. 23.
[10]) Num. c. 35 v. 16. 17. 18. 20. 21. Exod. 21 v. 12.
[11]) Exod. 21 v. 19.
[12]) Exod. 21 v. 18.
[13]) Lev. c. 24 v. 19. 20.
[14]) Deut. 19 v. 16—19.

§ 14.
Das römische Recht.

Das römische Recht zeigt dagegen deren eine ganze Reihe. Doch gilt auch für diese die allgemeine Regel, daß sie nicht in ihrer Eigenschaft als unvollendete Verbrechen gestraft werden, sondern deshalb, weil schon die unvollendete Form selbst im Gesetze bedroht und somit selbst zum Verbrechen, oft sogar zum delictum sui generis, gestempelt wird. Dennoch wird es nicht überflüssig sein, die Fälle zu betrachten, wo das römische Recht auch unvollendete Verbrechen vor den Richterstuhl zieht, und die Gründe zu suchen, die es zu diesem Schritte veranlassen.[15])

Daß das römische Recht natürlich, so wenig wie irgend ein andres, den bloßen Entschluß nie zu strafen unternimmt, ist durch den Satz Ulpians[16]) und dessen generelle Geltung[17]) genugsam bewiesen und können dem selbst die speziellsten Befehle, wie der Kaiser Leos, so despotisch sie auch gestellt sein mögen,[18]) wegen ihrer innern Widersinnigkeit nicht entgegenwirken und werden sich haben auf die natürlichen Grenzen menschlicher Macht, nur das Erreichbare zu strafen, also nur geäußerte Entschlüsse und nicht nackte Gedanken, beschränken müssen. — Die übrigen scheinbar die voluntas dem effectus gleichsetzenden Stellen sind alle mit der Restriktion aufzufassen, daß es zwar nur des Nachweises der voluntas, jedoch immer aus äußern Handlungen[19]) bedarf, um die Strafe zu erwirken. Von den Delikten nun, die hier in Frage kommen, d. h. bei denen ein (nach unseren Begriffen) unvollendetes Verbrechen gestraft wird, sind wegen der verschiedenen Strafprinzipien von vornherein zu unterscheiden die öffentlichen und die Privatdelikte. Da in den letztern die Klage doch immer auf eine Genugthuung für ein wirklich erlittenes Unrecht des Privatmannes ging und nur darauf gehen konnte,[20]) so durfte nach dem strikten

---

[15]) Die Wichtigkeit dieser Prüfung bestätigt Z. II S. 7, 8.

[16]) l. 18 D. 48, 19.

[17]) Z. I S. 185.

[18]) l. 6 pr. C. 1, 12. Die in hochtrabendstem Tone gehaltene Verordnung geht wirklich in ihrem Eifer so weit, die nuda cogitatio bestrafen zu wollen, daher die obige Bezeichnung wohl nicht dem Vorwurfe Z.'s I S. 189 anheimfällt, dessen Vermittlungsvorschlag Z. I S. 187 Anm. 4, cogitatione ac tractatu zusammenzufassen, wegen des Zusatzes nuda nicht angeht.

[19]) cf. Azo, Commentarius ad Codicem, ad l. 5 C. 9, 8.

[20]) Z. I S. 137, 138.

Wortlaut des Gesetzes nur das vollendete Delikt bestraft werden. Selbstverständlich bei der Vorzüglichkeit der römischen Rechtspflege ist es aber, daß für die Fälle, wo dieses Prinzip zu Mißständen geführt hätte, die Prätoren durch analoge Klagen aushalfen; ein Beweis ist die actio iniuriarum utilis, die Ulpian[21]) demjenigen zuspricht, der zwar nicht geschlagen ist, gegen den aber jemand die Hand erhoben und drohende Bewegungen, als solle er Schläge bekommen, gemacht hat. Der Wortlaut der lex Cornelia de iniuriis[22]) verlangte, daß er pulsatus, wirklich geschlagen sei und kompetierte dem doch gewiß Beleidigten nicht. Dieser Fall bringt indes für die speziell vorliegende Frage, welche unvollendeten Verbrechen nach unsern Begriffen in Rom gestraft wurden, kein sicheres Beispiel, da wir die Beleidigung hier als vollendet ansehen würden. Anders liegt die Sache bei einem andern römischen Privatdelikt, dem furtum. Auch hier hängt die Strafbarkeit, da eben nur das dem Privaten zugefügte Unrecht entschädigt werden soll, von der Vollendung ab: Furtum sine contrectatione non fit.[23]) Daß aber darum versuchter Diebstahl nicht straflos blieb, beweist die schon oben citierte lex Cornelia de iniuriis, die eine Klage gibt,[24]) wenn jemand in ein Haus (Landhaus, Gärten,[25]) überhaupt jeden zum Wohnen benutzten, wenn auch zur Zeit unbenutzten Raum)[26]) mit Gewalt, d. h. einfach widerrechtlich, eingedrungen ist; die prätorische Klage wegen Injurien, die weniger formelle Anforderungen stellte,[27]) und die actio de vi[28]) standen im Fall ebenfalls zu Gebote, vor allem aber das alte Recht auf Selbsthilfe, das den Eindringling[29]) bei Nacht ohne weiteres und bei Tage, sobald er sich

[21]) l. 15 § 1 D. de inj. 47, 10.

[22]) l. 5 pr. D. 47, 10.

[23]) l. 52 § 19 D. 47, 2.

[24]) l. 5 pr. D. 47, 10.

[25]) § 3 l. c.

[26]) l. c. § 5. Die Ausnahme der stabula ist hiernach selbstverständlich und für die der meritoria erklärt deren Eigenschaft, allgemein zugänglich zu sein, zur Genüge, daß ein solcher strenger Schutz unangemessen war.

[27]) § 6 l c. und l. 21 § 7 D. 47, 2.

[28]) l. 21 § 7 D. 47, 2.

[29]) Obgleich man sicher nicht immer erst abzuwarten hatte, bis der Eindringling, den man im Dunkeln bemerkt hat, sich etwas angeeignet hatte, wird er doch als fur bezeichnet, ein Beweis, daß die Beschränkung dieses Namens in l. 21 § 7 h. t. nur für die Klage, nicht für die allgemeinere Rechtsanschauung galt.

mit Waffen zur Wehre setzte,[30]) auch straflos zu töten gestattete. Aber auch beim Versuch des Diebstahls ohne Gewalt, ohne Einbrechen und Einsteigen ist nach Paulus[31]) die Injurienklage zulässig.

So hilft sich das römische Recht bei den Privatdelikten aus. Bei den iudicia publica wird dieses wenn auch unleugbar praktische, so doch undurchsichtige System ebenfalls angewandt; in einigen Fällen ist es allerdings überflüssig, indem hier ein andres Prinzip herrscht, welches den rechtswidrigen Willen als Strafgrund kennzeichnet[32]) und nun konsequent in manchen Gesetzen über die schweren Verbrechen auch geringe Manifestationen desselben mit gleicher Strafe belegt, wie die höchstmögliche, das vollendete Verbrechen. So hat besonders die große Sullanische Gesetzreform Normen geschaffen, wonach der bloße Ein- oder Verkauf von Gift, das bloße bewaffnete Umhergehen, sobald es in mörderischer Absicht geschah, wie vollendete Tötung bestraft werden sollten. Die Absicht mußte, wie der Zusatz hominis necandi causa darlegt, bewiesen sein und es steht durchaus nirgend, daß die Absicht etwa durch den Ver- oder Einkauf von Gift bewiesen werde. Beide Bestimmungen sind vielmehr koordiniert, und nur, sobald die Absicht bewiesen ist, tritt die Strafe auch schon bei dem geringstmöglichen Grade der Bethätigung, bei den obigen von uns als Vorbereitung zu betrachtenden Handlungen ein. Die Bestimmung ist daher auch keineswegs so drakonisch, wie sie scheinen könnte und wie sie selbst Zachariae aufzufassen scheint, der mit offenbarem Bezug auf diese lex[33]) meint, die Römer hätten „auch wohl öfter die äußere Erscheinung einer That als gewöhnliche Vorbotin eines Verbrechens, ohne Rücksicht auf die Absicht mit Strafe bedroht“. Das „ohne Rücksicht auf die Absicht“ ist um so weniger verständlich, als Zachariae selbst kurz darauf[34]) den Ausspruch des Paulus[35])

---

[30]) Dieselbe Bestimmung über den fur nocturnus und diurnus hat schon Exodus 22, v. 2 und 3; Augustinus c. 3 X 5, 12 gibt den Grund des Unterschiedes und sagt: Diurnum (scil. occidere licet) si se telo defenderit, jam enim plus est quam fur.

[31]) l. 21 § 7 D. 47, 2.

[32]) l. 7 D. 48, 8.

[33]) Z. I S. 110. „Die Worte passen auf keins der folgenden Verbrechen so prägnant,“ Z.'s Ansicht als richtig angenommen, „als auf das zunächst (S. 111) stehende cum telo ambulare und venenum emere vendere“.

[34]) Z. I S. 113.

[35]) l. 7 D. 48, 8.

citiert: In lege Cornelia dolus pro facto accipitur, wo also die Absicht so sehr in den Vordergrund tritt, daß Paulus die selbstverständlich erforderliche Manifestation des Willens darüber ganz zu erwähnen vergißt.[36]) In dem bei Cicero überlieferten Fall[37]) einer condemnatio wegen versuchten Giftmordes ex lege Cornelia wird der Schuldige, Scamander, verurteilt, weil man bei ihm das Gift und — das Geld fand, wofür ihn Oppianicus zu dem Morde gedungen hatte. Dies und die Überzeugung der Richter, daß der Stiefvater den Mord des Cluentius Avitus geplant habe,[38]) daß mithin der animus occidendi bei Scamander vorlag, führten zu dessen Verurteilung. Der Besitz von Gift (und natürlich ebensowenig von Gift und Geld) allein hätten ihn nicht unter die lex Cornelia gebracht. Daß bei dem cum telo ambulare außer der Absicht zu töten auch die zu stehlen genannt wird, kann nicht weiter auffallen, da, wer schon cum telo auf Diebstahl ausgeht, auch die Tötung unbequemer Störer nicht außerhalb seiner Absichten läßt.[39]) Daß übrigens auch eine schwere Körperverletzung unter die lex Cornelia fiel, erwähnt Ulpian[40]) als etwas Selbstverständliches; Zachariae gibt es nicht an, obgleich die Stelle von einer Verwundung des Kopfes, ohne jede Beschränkung, redet und nur den dolus, wie der Zusammenhang ergibt, voraussetzt; und obwohl bei Zachariaes strenger Interpretation der leges sich die Sache in solcher Allgemeinheit (nicht bloß Verwundungen animo occidendi, sondern alle) keineswegs von selbst versteht. — Daß die Bestimmungen der lex Cornelia de sicariis auch für den Versuch des parricidium[41]) und für den des Raubes[42]) Anwendung fanden,

[36]) Außerdem widerspricht u. a. der Vernachlässigung der Absicht die l. 4 D. 47, 10, wo selbst die Vollendung wegen Mangels böser Absicht nicht unter dies Gesetz fällt.

[37]) Cicero pro Cluentio, vgl. Z. I S. 114.

[38]) Cic. cap. 20 (bei Z. I S. 115): Quae porro tenuissima suspicio collata in Scamandrum est, aut conferri potuit, ut is sua sponte necare voluisse Avitum putaretur?

[39]) So sagt auch, wie schon oben § 14 S. 35 Anm. 30 citiert, Augustinus in c. 3 X. 5, 12: si telo se defenderit, iam enim plus et quam fur; und die Verteidigung ist doch das mindeste, wozu er die Waffen trägt. Noch heute liegt in dem Waffentragen seitens des Diebes eine Qualifikation; vgl. R.St.G.B. § 243 5.

[40]) l. 7 § 1 i. f. D. 47, 10.

[41]) l. 1 D. 48, 9; l. 14, C. 9, 1; ll. 8, 9 C. 9, 16.

[42]) l. 28 § 10 D. 48, 19. Z.'s Beschränkung: wenn der Thäter bewaffnet

ist ausdrücklich bezeugt. Auch in den leges Juliae und zwar zunächst in der maiestatis sind die qui contra imperatorem aliquid moliti sunt[43]) ganz allgemein also, wer etwas unternommen hat, ohne bestimmtes Gradmaß strafbar. Die einzige Schranke ist die natürliche, daß sie ihre Absicht irgendwie geäußert haben mußten, so daß man sie ihnen beweisen konnte. Dagegen tritt bei manchen Verbrechen anscheinend wieder Strafe nur bei Vollendung des Verbrechens ein, so bei Brandstiftung,[44]) Ehebruch,[45]) Fälschung,[46]) Falschmünzerei,[47]) doch ist hier, wo somit das Prinzip der Privatdelikte sich wiederzufinden scheint, auch die bei diesen beliebte Aushilfe vorhanden, indem die leges Juliae de vi, und zwar ohne eigentlich innerlichen Unterschied zwischen der de vi privata und der de vi publica,[48]) eine ganze Reihe von Fällen umfassen (teils ausdrücklich[49]), teils durch die Dehnbarkeit des Begriffes der vis als rechtswidriger Handlung überhaupt[50])), die wir als Versuchs- und Vorbereitungshandlungen andrer Verbrechen bezeichnen würden; beim Ehebruch darf zudem das Recht auf sofortige Tötung des in flagranti Betroffenen,[51]) bei Falschmünzerei das crimen maiestatis, dessen Grundsätzen es die Kaiser[52]) unterordneten, nicht außer acht gelassen werden. Daß der Versuch der Brandstiftung nicht in der lex Cornelia direkt bestraft wurde, hatte wohl nur in der Schwierigkeit des Beweises, im Gegensatz z. B. zu dem des Vergiftungsversuchs seinen Grund; als vis wurde er jedenfalls bestraft.[53]) Die harte Ahndung (nach der lex Julia de vi publica)[54]) des bewaffneten Einhergehens auf der Straße[55])

---

war, ist bei der Weite des Begriffs der tela (vgl. l. 1 D. 48, 6; l. 233 D. 50, 16) illusorisch, das cum ferro in der l. 28 cit. beschränkt nicht auf Eisenwaffen, die freilich wohl am häufigsten angewandt wurden.

[43]) § 3 Jnst. 4, 18. Ähnlich l. 5. C. 9, 8; l. 16, C. 9, 41.

[44]) l. 1 pr., l. 10, D. 48, 8.

[45]) l. 12, D. 48, 5.

[46]) Paulus, Sent. rec. IV 7 § 1; V 25 § 1.

[47]) Paulus, S. R. V 25 § 1.

[48]) Vgl. l. 10 § 1, D. 48, 6 = l. 2 D. 48, 7.

[49]) l. 10 § 1, D. 48, 6.

[50]) l. 7 D. 48, 7.

[51]) l. 23, l. 29 pr. D. 48, 5.

[52]) l. 2, C. 9, 24.

[53]) l. 5 pr. D. 48, 6.

[54]) l. 10 § 2, D. 48, 6.

[55]) l. 3 § 1, D. 48, 6.

und in der Versammlung[56]) und der Besitz größerer Mengen von Waffen[57]) oder bewaffneter Banden[58]) ist nur scheinbar ungerecht, da wohl das dolo malo des einen Falles[59]) auf die übrigen auszudehnen ist, mithin die böse Absicht zum Hochverrat, Mord, Brand und dergl. nebenher erwiesen sein mußte, was auch die Ausnahme der Waffen als Ware[60]) oder Jagdgerät[61]) (offenbar kasuistisch statt aller ohne dolus geführten Waffen gesetzt) bestätigt.

Es ist nach alledem nicht zu leugnen, daß im römischen Recht, ausdrücklich oder unter einen allgemeineren Begriff subsumiert, ziemlich alle wichtigeren Fälle auch unvollendeter Verbrechen — und sogar in der größtmöglichen inneren Ausdehnung — ihre Ahndung finden. Dies ist auch das Wahre an der sonst irrigen Meinung der Glossatoren und Doktoren,[62]) daß die Römer bei den crimina atrociora den Versuch allgemein und zwar als Versuch bestraft hätten, worauf wir unten zurückkommen werden.

§ 15.
Das kanonische Recht.

Das kanonische Recht bringt zu den Resultaten der Untersuchung über das römische Strafrecht nichts Neues hinzu, da die meisten hierher zu ziehenden Stellen den Pandekten und dem Codex entlehnt sind.[63]) Die vielen Stellen, welche die Gleichheit der Strafe für die That und den bösen Willen aussprechen,[64]) bezeichnen sich selbst schon als ausschließlich dem moralischen Gebiete und der Kirchenbuße angehörend. Den Gegensatz, in den das kanonische Recht durch dieses zähe Festhalten an dem römischen Recht zu den

---

[56]) l. 10 pr. D. 48, 6.

[57]) l. 3 § 1, D. 48, 6.

[58]) l. 3 pr. D. 48, 6.

[59]) l. 10 pr. D. 48, 6 cit.

[60]) l. 2 D. 48, 6.

[61]) l. 10 pr. D. 48, 6 i. f.

[62]) Diese Bezeichnung, die Chauveau und Hélie beständig brauchen, faßt die gesamten Rechtslehrer der Schulen Italiens, Frankreichs und Deutschlands am kürzesten zusammen; vgl. z. B. Ch.-H. II S. 6.

[63]) c. 6. 9. 10. 11. 12. 13. 14. 15. 16. 17. 19. 20. Decr. de poen. dist. 1. — c. 3, Decr. c. 36, q. 2.

[64]) c. 23. 24. 25. 28. 29. 30. Decr. de poen. dist. 1. = c. 1 in VIto 5, 4. Die Stellen c. 3 X. 4, 1 und c. 7 X. 4, 13 gehören nicht hierher; vgl. Z. I S. 169.

sich fortentwickelnden weltlichen Rechten trat, werden wir unten[65]) zu konstatieren Gelegenheit haben.[66])

---

[65]) Vgl. § 16 S. 45.

[66]) Wenn Zachariae I S. 169; II 139 Stufen des Versuchs und verschiedene Grade der Strafbarkeit derselben auf Grund eingedrungener germanischer Grundanschauungen in c. 6 und 18 X. 5, 12 finden will, was auch Köstlin S. S. 217 Anm. 10 gutheißt, so ist dies wohl aus den angeführten Stellen nicht leicht herzuleiten. Zunächst beziehen sich beide Stellen ausschließlich auf Kirchen-, nicht auf Kriminalstrafe, wie dies dort der häufig, und gerade an der für Z. bezeichnendsten Stelle (§ illi autem), gebrauchte Ausdruck poenitentia (nicht poena, wie Z. II S. 135 Anm. 1 citiert) beweist, hier aus der ganzen Sachlage hervorgeht; zum Überfluß steht in der Summa des sogenannten Abbas Siculus als einzige Alternative genannt: irregularis est resp. non est, und dies nimmt ihnen schon jede Bedeutung für das Recht. Aber abgesehen hiervon ist in c. 18 die Frage nach der That gar nicht mit Rücksicht auf ihre Strafbarkeit betrachtet, da es sich nur darum handelt, ob den betreffenden Priester, der angibt an Blutvergießen schuld zu sein, dies für den Altardienst, also für die Ausübung seines Amtes unfähig mache: die irregularitas würde ex defectu perfectae lenitatis eintreten, wenn er wirklich den Betreffenden getötet hätte und durch das Blut den Altar entweihen würde (vgl. oben § 13 S. 32). Im Zweifel mußte also dies aus Vorsorge für die Reinheit des Altars angenommen werden; da aber der Papst dem Selbstankläger offenbar wohl will, so gibt er den Rat, eine Prüfung durch Sachverständige anzuordnen. Es handelt sich hier also absolut nicht um den Unterschied des Versuchs und der Vollendung eines Verbrechens, sondern um eine Frage des Verwaltungsrechts. Auch in dem andern Fall, in c. 6, der allerdings von Kirchenstrafen handelt, liegt ein gewichtiges Bedenken vor. Die betreffende Entscheidung war jedenfalls von der Politik stark beeinflußt, da Papst Alexander III. bekanntlich selbst den König Heinrich II. Plantagenet wegen der Ermordung seines Kanzlers Thomas a Becket, Erzbischofs von Canterbury, zu schwerer Kirchenbuße verurteilte; um so mehr mußte an den Gehilfen und Dienern ein Exempel statuiert werden. Dies nimmt die Möglichkeit eines sichern Schlusses, daß immer solche Unterschiede zwischen den Graden der Beteiligung gemacht worden seien. Aber es scheint, als ob Z. II 139 mehr darauf den Ton lege, daß im § illi autem auf den eingetretenen Tod: si de illa captione mors ejus secuta fuerit (NB. die editio Gregorii XIII liest: fuisset) als eine Folge des Angriffs ein besonderer Wert gelegt ist. Dies allein aber könnte doch nichts beweisen; die par poena entspräche sogar strikte der lex Cornelia de sicariis, indem, ausdrücklich unter Voraussetzung des animus occidendi, schon das bloße Mit-Handanlegen zur Verhängung der Strafe vollendeter Tötung genügt — denn das de illa captione bezieht sich auf den Angriff im allgemeinen; und die eigentliche Tötung ist, da jene ja nur ad manuum injectionem, zu thätlichem Handanlegen gelangt sind, offenbar durch ihre Gefährten vollführt worden. Neu ist also hier nichts, als etwa der von Z. ignorierte Zusatz zu pari poena: vel fere pari, da eine solche Milderung dem römischen Recht noch fremd ist. — Es ist daher in Bezug auf die Stufen des Versuchs keine Unterscheidung und Neuerung

§ 16.
Die Glosse und die italienische Praxis.

Die Glosse und die italienische Praxis stehen weit weniger auf dem Boden des römischen Rechts; die Abweichungen, die hier vorkommen, geben sich allerdings nicht selbst als solche aus, sondern sind gewaltsame Interpretationen der Quellen — es ist nicht zu verkennen, daß ihnen die wenn auch nicht ganz bewußte Tendenz zu Grunde liegt, die in Wahrheit auf veränderter Anschauung beruhenden neuen Sätze schon im römischen Recht vorzufinden und sie dadurch, nach dem Bedürfnis jener Zeit, mit der Autorität der „alten Kaiser" zu wappnen. Wie die Römer noch unter den Kaisern behaupteten, als Grundlage ihres Zivilrechts seien die XII Tafeln noch immer in Kraft, so fanden auch die Doktoren manches neue Rechtsinstitut germanischen Ursprungs implicite in den römischen Gesetzen — vermöge ihrer Interpretation.[67])

In der Lehre vom Versuch entfernte man sich von der Wahrheit besonders dadurch, daß die für einzelne leges bestimmten Eigentümlichkeiten ohne Kritik verallgemeinert und auf das gesamte Recht ausgedehnt wurden. Natürlich kam so schon die Glosse dazu, entstehende Widersprüche zwischen den Stellen, die schon den bloßen Willen zu strafen scheinen, und denen, die ihm Straflosigkeit zusichern, sowie zwischen denen, die ohne Rücksicht auf den Effekt nur nach dem dolus sehen, und denen, die einen Effekt verlangen, durch Künsteleien und gezwungene Unterscheidungen[68]) beilegen zu müssen, indem man hier von leichten, dort von schweren Verbrechen sprach. Doch hielt man, gegen die angebliche Meinung der betreffenden Stellen, den Satz cogitationis poenam nemo patitur

---

vom römischen Recht zu konstatieren, vielmehr ein Festhalten an demselben im Gegensatz zu dem weltlichen Rechte der Zeit (wenn nicht etwa der unscheinbare Zusatz vel fere pari einen Anklang an letzteres und seine Reformen enthält) — ein Gegensatz, wie ihn schon Augustinus de Franzischis d'Arminio in verwandten Materien konstatiert (citiert bei Z. II S. 140).

[67]) Ein besonders auffälliges Beispiel ist es, daß, wie Z. I S. 169 Anm. 2 bezeugt, man sich zur Begründung der neuen Praxis, Untersuchungen am corpus delicti zu machen, auf l. 6 C. 12, 36 bezog, die von etwas ganz anderm (Untersuchung der im kaiserlichen Heer invalide Gewordenen, um ihre Pensionsberechtigung festzustellen) redet.

[68]) Vgl. Z. I S. 95.

ziemlich allgemein und ohne Einschränkung aufrecht;[69]) nur Cujacius[70]) will diesen Satz, ganz entgegen der angedeuteten Tendenz der andern, aus dem rein äußerlichen Grunde, daß beide Sätze demselben (dritten) Buche von Ulpians Edikt-Kommentar entstammen, auf das edictum quod quis iuris in alterum statuerit beschränken, wofür kein Grund vorliegt. — Hier, in der Glosse beginnt indessen die Entwickelung allgemeiner Einteilungen und Definitionen der verschiedenen Arten von Handlungen mit Rücksicht auf ihre Zurechnung, wenn auch das Teilungsprinzip noch sehr äußerlich aufgefaßt ist und die Folgerungen daraus sehr spärlich sind. So unterscheidet die Glosse:[71]) aut quis cogitavit tantum delinquere et ad actum non processit—et tunc non punitur; aut ad actum processit, und da sind zwei Fälle: aut perduxit ad effectum—et indubitanter punitur (dies waren also die Fälle des bloßen Gedankens und des vollendeten Verbrechens) aut non perduxit (unvollendetes Verbrechen) et tunc quia noluit (freiwilliger Rücktritt) —et hoc casu ei parcitur—aut quia non potuit. Bei diesem letzten Fall, dem eigentlichen unvollendeten Verbrechen, wird nun ganz äußerlich geschieden: tunc aut erant atrociora—et hoc casu punitur, aut non erant atrociora—et hoc casu non punitur. Daß diese Scheidung im Gegensatz zu den vorigen aus der Natur der Sache entnommenen nur den Zweck hat, die widersprechenden Quellenstellen passend zu rubrizieren, leuchtet ein, und es ist auch nur das falsch, daß eben dies Prinzip der Teilung so äußerlich aufgefaßt und als wirklich bewußtes Prinzip dem römischen Recht imputiert wird, während de facto, wie oben[72]) gezeigt, die

---

[69]) Z. B. die Glosse ad leg. 5 C. 1, 3 bei Z. I S. 86; Azo com. in codicem ad l. 5 C. 9, 8 bei Z. I S. 95 Anm. 2.

[70]) Z. I S. 126 Anm. 5. Auch Aegidius Bossius scheint die Gültigkeit des Satzes nicht für ausgemacht zu halten, da er ein besonderes Buch darüber schrieb. Z. I S. 101.

[71]) Ad l. 5 C. 1, 3 bei Z. I S. 96. Vollständig heißt die Glosse (ad l. 5 C. 1, 3): aut quis cogitavit tantum delinquere, et ad actum non processit, et tunc non punitur (nam primi motus non sunt in potestate nostra). Aut ad actum processit, et tunc aut perduxit ad effectum, et indubitanter punitur, sive utatur sive non. Aut non perduxit, et tunc aut quia noluit et hoc casu ei parcitur: aut quia non potuit, et tunc aut erant atrociora: et hoc casu punitur, ac si ad effectum perduxisset: aut non erant atrociora: et hoc casu non punitur: et hoc casu aut non desiderant juris efficaciam, aut desiderant: et hoc casu quis non punitur.

[72]) in § 15.

Behauptung der Glosse der Wahrheit ziemlich nahe kommt; besonders wenn man, wie die Glosse es durch die Unterscheidung innerhalb des letzten Falles (der non atrociora in Fällen, wo die Rechtshilfe angerufen wird und in solchen, wo nicht) thut, die crimina non atrociora mit den iudicia privata identifiziert, deren Versuch ja wirklich in den Quellen als solcher straflos bleibt.

Es enthält also die Glosse keine Abstufung des vollendeten Verbrechens.[73]) Auch die Doktoren[74]) schließen sich meist ziemlich eng an die Glosse an und behalten deren Einteilung in crimina atrociora und leviora mit deren Folgen bei,[75]) indem z. B. Jacobus de Belvisio[76]) als Grund der bei Privatklagen nur für Vollendung reservierten Strafbarkeit ganz richtig[77]) den nur bei wirklicher Schädigung möglichen Ersatz erkennt. Daß in besonders weitgediehenen Fällen hiervon aber Ausnahmen vorkommen, zeigt die mißbilligende Äußerung des Claudius de Battandier: daß iure communi auch solus affectus sine effectu nicht bloß in delictis atrocioribus, sondern nach der Ansicht mancher auch in delictis minoribus, si ad actum proximum sit deventum, gestraft werden.

Die Schriftsteller des 16. Jahrhunderts,[78]) und gerade die bedeutendsten, zeigen diese Ansicht noch allgemeiner, indem sie geradezu erklären, daß das römische Recht den Konat bei allen Delikten wie die Vollendung strafe, so Julius Clarus, Cujacius, der wie oben gezeigt, sogar die Straflosigkeit der nuda cogitatio anzweifelt, Jacobus Gothofredus, Jodocus Damhouder. Das Falsche an dieser Ansicht wie an der entgegengesetzten der früheren Juristen ist, daß sie dem römischen Recht überhaupt eine prinzipielle Entscheidung imputieren, während sich doch dasselbe auf Präzisierung seines Willens bei jeder einzelnen lex beschränkt hat, wie dies dann Bynkershoek erkannte.

Die Anerkennung jenes strengeren Grundsatzes des römischen

---

[73]) wie Z. II S. 10 bestätigt, dessen Gründe in Anm. 3 l. c. gegen Luden gebilligt werden müssen.

[74]) Siehe § 14 S. 38 Anm. 62.

[75]) So Albertus Gandinus bei Z. I S. 98; Jacobus de Belvisio bei Z. I S. 99. 100; Claudius de Battandier bei Z. I S. 100.

[76]) bei Z I S. 100.

[77]) Vgl. oben § 14 S. 33 ff.

[78]) Vgl. Z. I S. 101. 102.

Rechts bringt nun in den Schriften die Notwendigkeit mit sich, zu erklären, daß die Praxis schon seit geraumer Zeit von der Theorie des damaligen gemeinen, d. h. römischen Rechts abweiche, was man, da es bisher durch die Unterscheidung von leviora und atrociora crimina, sowie jedenfalls durch das Reservat, im gegebenen Falle extra ordinem die Strafe zu mildern,[79]) sich verdecken und ausgleichen ließ, nicht ausdrücklich erwähnen und bekennen zu müssen geglaubt hatte. Nun findet sich wiederholt das Zeugnis, das römische Recht strafe zwar Versuch wie Vollendung, es sei aber communis opinio totius Italiae oder gar totius mundi,[80]) daß man den Versuch milder strafe, außer bei den schlimmsten Verbrechen, als welche Menochius nur die Ketzerei,[81]) die andern zumeist auch das crimen laesae maiestatis, Giftmord und dergleichen bezeichnen (Farinacius überläßt die Entscheidung hierüber dem richterlichen Ermessen).[82]) Der Versuch dieser crimina atrocissima wird dann nach römischem Recht, also von der ersten äußern Handlung an, und mit der poena ordinaria bestraft, der der übrigen Verbrechen dagegen extra ordinem, wobei ausdrücklich dem Richter gestattet wird, je nach dem Fall zu schärfen und zu mildern. Um hierfür nun einen Maßstab zu haben, werden zum erstenmal bewußte Anstrengungen zu einer Einteilung des Versuchs nach inneren Abstufungen gemacht.

Die Trennung der actus consilii und actus reales, die Jacobus de Belvisio[83]) einführt, (der dadurch für die Verabredung eine besondere Stufe kreiert, um sie, speziell bei Unzuchtsverbrechen, der Straflosigkeit der cogitatio zu entziehen) ermangelt des inneren Grundes, da, wie Baldus die beiden Stufen nennt, actus verbi und actus facti nur durch das zur Äußerung gewählte Mittel sich unterscheiden und vielfach promiscue vorkommen, wo durchaus nicht die actus verbi immer der Zeit und Bedeutung nach zurückstehen; und oft fehlen die actus facti ganz, wie bei der Verbalinjurie und dem falschen Zeugnis. Aus diesen Beispielen erhellt auch, daß die actus verbi durchaus nicht immer nur Vorbereitungshandlungen in unserm Sinne sind. Die Trennung

---

[79]) Vgl. Baldus bei Z. II S. 141. 142.

[80]) Z. II S. 139.

[81]) Z. II S. 146.

[82]) Z. II S. 149. 150.

[83]) Vgl. Z. II S. 11.

ist denn auch bald vergessen worden und schon Baldus stellt die actus verbi mit den actus facti remoti auf eine Stufe zusammen als minus punienda. Weit wichtiger geworden ist die Einteilung in actus remoti und actus propinqui oder proximi (welch letztere beide Namen Baldus identisch,[84]) spätere manchmal verschieden brauchen). Schon Angelus Aretinus[85]) erklärt die Strafe der vollendeten Tötung nach der lex Cornelia für geboten bei einem actus proximus, ohne diesen näher zu bestimmen als durch den Nichteintritt des Erfolges: licet non occiderit. Auch Baldus[86]) trennt außer den oben genannten actus verbi die actus facti in proximi und remoti; letztere werden weniger, erstere wie die Vollendung bestraft. Erklärend fügt er zu „proximi" „et immediati" hinzu und als Beispiel bei der Tötung die Verwundung, in actu carnali die prostratio in terram; als actus remotus gilt ihm dort insultus ad homicidium faciendum, sowie hier oscula. Schwankend sind überhaupt die Begriffe des conatus proximus und remotus immer; Menochius[87]) zuerst stellt, indem er alle Handlungen von Ankauf des Giftes z. B. bis zum Angriff ohne Verwundung zusammenfaßt, diesen die actus proximiores oder den conatus actui multum proximus entgegen, den er auch schon delictum perfectum nennt und wie folgt definiert:[88]) quando ex latere huius enitentis delinquere nihil agendum superest ad criminis perfectionem. Dies ist der erste fest definierte Begriff: daß aber auch hier diese Festigkeit nur eine scheinbare ist und der Begriff den Todeskeim schon bei der Entstehung in sich trug, hat sich oben[89]) ergeben. — Menochius will das delictum perfectum wie die Vollendung bestraft wissen, den conatus remotus überhaupt nur bei bestimmten Verbrechen, und hier nach dem Grade verschärft; ähnlich definiert und straft Damhouder und Laurentius Matthacu et Sanz. Farinacius faßt den conatus proximus viel weiter auf: ut sit proximus principali intento et cogitato delicto; bei assassinium rechnet er ausdrücklich den insultus vel offensio hinzu,

---

[84]) Vgl. Z. II S. 13.

[85]) Z. II S. 12.

[86]) Z. II S. 13.

[87]) Z. II S. 14 und 15.

[88]) Z. II S. 15 Anm. 2.

[89]) Vgl. oben § 6 S. 17.

während er bezeugt und als ungerecht zurückweist, daß die Kanonisten, wie Felinus, noch immer bei der Bestimmung der lex Cornelia verharrten.

§ 17.

Das germanische Recht.

Im germanischen Recht[90]) finden sich zahlreiche Bestimmungen über unvollendete Verbrechen; Fälle der Bestrafung versuchten Hochverrats (dieser auch hier schon bei bloßem consilium strafbar,[91]) Mordes mit Waffen,[92]) durch Gift[93]) und dergl., durch Ertränken,[94]) des Diebstahls mit Nachschlüsseln[95]) und Einbrechen,[96]) der Notzucht,[97]) Brandstiftung,[98]) Abtreibung.[99]) Daß der älteste Grundsatz des germanischen Rechts gewesen sei, nur den angerichteten Schaden zu vergüten und so den Versuch als solchen ungestraft zu lassen, ist noch von Köstlin,[100]) dem sich Haelschner[101]) anschließt, zwar behauptet aber nicht bewiesen worden; denn die bloße Behauptung, daß das germanische Recht ausschließlich die Thatseite berücksichtige,

---

[90]) Was die gleichförmige Berufung auf nordische, gothische und eigentlich deutsche Quellen betrifft, so liegt nach Wilda nicht Berechtigung, sondern Verpflichtung hierzu vor. Vgl. W. S. 1.

[91]) l. Saxon. 3, 1; l. Bajuv. 2, 1. 3; l. Roth. 1. 3. 4. 6. 7.

[92]) l. Sal. 20, 1. Z. (19, 1. W.); l. Burg. 37; l. Roth. 10. 11; l. Wisig. 6. 46.

[93]) l. Sal. 22, 1 u. 2. Z. (21, 1 u. 2. W.); l. Ripuar. 83, 2; l. Bajuv. 3. 6 u. 7; l. Angl. 14; l. Wisig. 6. 22; l. Roth. 140, Z. (139 u. 140 W.).

[94]) l. Sal. 44, 3. Z. (43, 10. W.); l. Bajuv. 3, 2; l. Fris. 22, 83; l. Sax. 1. 9.

[95]) l. Sal. em. 12, 5 u. 6.

[96]) l. Sal. l. c. und 19 § 7. 13. 26. 33. 38; l. Burg. 27, 7. codd. 16, 1; l. Roth. 282; l. Wisig. 6. 4. 2. 8. 6. 3.

[97]) l. Alam. 58.

[98]) Gragas Vigsl. 86.

[99]) l. Bajuv. 7. 18; l. Wisig. 6. 3. 1; l. Sal. 21, 4. Z. — Wenn Z. II S. 132 zweifelt, ob die zweideutige Ausdrucksweise auf Versuch oder Vollendung deute, so kann doch wenigstens im letzten Beispiel kein Zweifel obwalten, da, wenn man hätte abwarten wollen, ob die Betreffende wirklich nie gebären werde, die Strafe bei Lebzeiten der Frau nicht anwendbar, und vorher wie nachher der Nachweis, daß sie infolge der Mittel nicht geboren habe, schwierig gewesen sein dürfte. Und wie hier, muß man wohl auch in den beiden ersten Fällen Versuchsstrafe ohne Rücksicht auf den Erfolg annehmen.

[100]) S. S. 216.

[101]) S. S. 174.

ist zwar eine alte Tradition,[102]) stimmt aber, wie Wilda[103]) bezeugt und wie auch Osenbrüggen[104]) nachweist, zu den Quellenzeugnissen recht schlecht. Diese vorgefaßte Meinung[105]) nimmt z. B. der Betrachtung Zachariaes[106]) die Unparteilichkeit und damit den Gehalt; Haelschner[106a]) giebt auch zu, daß sich früh, d. h. in den Volksrechten, eine Änderung der Anschauung mit größerer Obacht auf das Willensmoment eingeführt habe. Da Wilda[107]) aber in dem Abschnitt vom Versuch überhaupt nur von diesen Volksrechten und ihrer Zeit redet und einen ältern unbewiesenen und unerweislichen Rechtszustand auch unerwähnt läßt, so ist Koestlins Tadel[107a]) oder doch Haelschners Wiederholung desselben ungerecht.

Aus unbefangener Schätzung der angeführten Quellenzeugnisse würde sich für das Recht der leges barbarorum wohl folgendes entnehmen lassen. Ähnlich wie die Bestimmungen der leges Corneliae[108]) einem Notstande ihren Ursprung verdanken und daher einem dringenden Bedürfnis nach Ausdehnung der Strafbarkeit durch Erleichterung der Beweisführung in diesen Notfällen abhalfen — verraten auch die germanischen Gesetze, resp. das ihnen zu Grunde liegende ältere Recht die, wenn auch keineswegs so plötzlich aufgetretene Notwendigkeit, das an Stelle des Fehderechts und der Blutrache tretende Kompositionssystem so auszustatten, daß dasselbe eine wirkliche Abhilfe bieten und sich dadurch Anerkennung und Anwendung zu verschaffen vermochte. Dazu hätte es aber einer Erleichterung des Beweises dringend bedurft; zur Fehde war die subjektivste Meinung, beleidigt oder verletzt zu sein, hinreichend, und auf diese Freiheit, sich Sühne zu verschaffen, hätte der trotzige Germane nimmermehr verzichtet, wie die alten Geschichten Islands, wo die Barone der fortschrittlichen Entwickelung sich bewußt entgegen-

---

102) Osenbrüggen A. S. S. 147 nennt es eine alte Fabel.

103) S. 598.

104) A. S. S. 137 u. 147. 148.

105) Eine ins andre Extrem abirrende, offenbar auch vorgefaßte Meinung sucht Luden mit großer Energie aus den Quellen zu beweisen, freilich ohne nennenswerten Erfolg, wie auch die Kritiken bei Wilda S. 598 und John Ndd. S. 141—147 bezeugen.

106) Z. I S. 164—168.

106a) S. S. 174, 175.

107) S. 598 ff.

107a) S. S. 216, Anm. 9.

108) Vergl. oben § 14 S. 34.

stemmten, es erzählen. Eine Strafe in allen diesen Fällen konnte und wollte auch das neue Strafrecht bei nur eingebildeter Verletzung nicht setzen, aber wenigstens für alle Fälle wirklicher Verletzung mußte Abhilfe geschafft werden, wenn sich das Rechtsgefühl des Volkes der neuen Weise beugen sollte. Aber wie? In Rom half man sich durch Erleichterung des Beweises, indem man, auf den klaren Begriff des dolus gestützt, in vollem Umfange bestrafen konnte. Die Germanen besaßen, zumal sie dieser Übergang in einem sehr viel früheren Kulturstadium antraf, den dolus-Begriff in dieser Schärfe und Abstraktion nicht und waren deshalb auf das primitive System der Kasuistik angewiesen; man muß aber sagen, daß sie in dessen Ausbildung an Logik und psychologischer Erkenntnis hinter den Römern nicht allzusehr zurückstehen. Denn ohne den Begriff des dolus als solchen, für den sie nicht einmal eine einheitliche Bezeichnung hatten,[109]) haben sie in den einschlägigen Gesetzen denselben so prägnant charakterisiert, daß trotz des hemmenden rohen Strafsystems sie dem einzelnen Falle, unter scharfer Berücksichtigung des Willensmoments, zu einer viel konkreteren, seiner Eigentümlichkeit entsprechenderen strafrechtlichen Schätzung verhalfen, deren äußerlich rohe Form, Geldsummen von bestimmter Höhe, man nur dem unentwickelten Kulturleben, nicht dem zu Grunde liegenden Gedanken zurechnen darf. Denn es ist zu bedenken, daß die einzelnen Strafsummen einen ganz bestimmten Begriff repräsentieren, daß darin eine Charakterisierung der Mißthat als Ungericht, Friedensbruch, Frevel[110]) ausgesprochen war — was ja noch heut, bei verbessertem Strafsystem, das Prinzip und die Idee des § 1 des Reichs-Strafgesetzbuches ist. Und wenn die meisten Rechte auch noch hier den Versuch nur mit einer Buße belegen, die nur als Bekenngeld[111]) des Unrechts galt, so darf es doch nicht unterschätzt werden, daß bei zwei Stämmen, deren Entwickelung eine durchaus selbständige und voneinander unabhängige war, den Normännern auf Island[112]) und den Saalfranken, die Strafe für den Versuch des Mordes schon nach derjenigen der Vollendung bemessen wurde, und zwar bei den Franken schon vor der Zeit der Abfassung ihrer lex, wie die hierin beibehaltene ältere

---

109) Vergl. Wilda, S. 595.
110) Wilda, S. 602, 605.
111) Wilda, S. 602, 340 ff.
112) Wilda, S. 602; vergl. unten § 17 S. 48 Anm. 119.

Buße von 62½ Schillingen,[113]) anstatt der sonst schon eingeführten von 100 Schillingen beweist. Das Vorkommen des neuen[114]) Strafmaßes bei der versuchten Ertränkung zeigt, daß diese Strafbestimmung selbst eine neue war,[115]) daß also die Anwendung dieses Prinzips im Wachsen begriffen war. Dasselbe noch deutlicher zeigt das Gesetz des Longobardenkönigs Rothari, welches[116]) bloße Bereitung oder Besitz[117]) von Gift in der Absicht zu töten mit der vollen Buße, Vergiftung ohne tödlichen Ausgang mit dem halben, Vergiften mit tödlichem Ausgang mit dem ganzen Wehrgeld bestraft; auch hier ist also das Maß der Strafe von dem der Vollendungsstrafe abhängig gemacht, aber noch deutlicher motiviert: si mortuus non fuerit, componat qui venenum dederit medietatem pretii ipsius, ac si eum occidisset. Ist der Schluß denn nun zu kühn, den Wilda gemacht hat, daß hierin die Anerkennung liege, daß der Versuch als Hälfte, als Teil der Vollendung aufgefaßt sei? Selbst John, dem man Übereilung sicher nicht wird vorwerfen können, stellt folgendes freilich übertrieben strenge[118]) Kriterium auf: „es wäre nötig gewesen, die Strafe einer als strafbar erkannten Handlung“ (d. h. des auch so schon, wegen der durch das Gift erzeugten Krankheit, strafbaren Versuchs) „aus einer andern strafbaren Handlung“ (dem vollendeten Giftmord), „die aber in concreto gar nicht begangen war, abzuleiten — wenn die formelle Behandlungsart der Versuchshandlungen mit unsern heutigen Rechtsanschauungen übereinstimmend hätte werden sollen“. — Selbst diese viel zu strenge Bedingung ist erfüllt in obiger longobardischen Bestimmung wie im isländischen und saalfränkischen Recht;[119]) es ist die Strafe der Ver-

---

[113]) l. Sal. 18, 1. 19, 1. 21, 1. W. Vergl. Wilda, S. 601. 602. 58. 417.

[114]) l. Sal. 23, 10. u. 11. W.

[115]) W. S. 602.

[116]) l. Roth. 139. 140. 141.

[117]) venenum temptaverit heißt nur: wer mit Gift „umgeht“. Wilda, S. 605 charakterisiert es als „entfernten Versuch“ d. h. Vorbereitung.

[118]) John Ndd. S. 183. 184, vergl. § 19 S. 57 Anm. 178.

[119]) Wilda identifiziert das isländische Recht ausdrücklich (S. 602 Al. 2) mit dem salischen, insofern sie beide die Versuchsstrafe von der der Vollendung ableiten. Für das fränkische Recht ist dies unbedingt zuzugeben, im isländischen liegt der Bezug der dreijährigen Verbannung zur Friedlosigkeit nicht so klar, doch mag Wilda eine innere Verwandtschaft beider Strafen hierzu veranlaßt haben,

suchshandlung abgeleitet von der der nicht eingetretenen Vollendung. Keinen Zweifel, daß dies bewußt geschehen sei, läßt die prägnante Gegenüberstellung der Grade der Handlung zu, deren wiederholtes Vorkommen bei den wichtigsten Fällen [120]) die Zufälligkeit ausschließt.

Es ist oben versucht worden, nachzuweisen, daß die Form der Kasuistik in den Volksrechten nicht das beweist, was man damit hat beweisen wollen,[121]) nämlich daß nur bestimmte Fälle und ihre Bestrafung im Gesetz aufgezeichnet worden seien; daß vielmehr die kasuistische Form nur — aus juristischer Unreife, wenn man will — gewählt wurde, weil es an einem Namen, an einem abstrakten Begriff des dolus fehlte. Daß aber der Begriff des dolus als solcher konkret in den Worten der leges barbarorum enthalten ist, kann nach dem über die isländische „Graugans", die lex Rotharis und Salica Gesagten wohl nicht bezweifelt werden.

Wenn man auf den Namen des Versuchs Wert legt, so findet sich auch der, indem in einem nordischen Recht [122]) von reatus conaminis die Rede ist. Die Bestrafung der Absicht des unvollendeten Verbrechens, außer und unabhängig von der Buße für die konkurrierende reale Verletzung, zeigt das Westgotenrecht: [123]) pro sola praesumptione (Darlegung des bösen Willens ohne Rücksicht auf den Erfolg [124])) bekommt der Thäter 200 Geißelhiebe oder zahlt 20 solidi — und muß außerdem die Schätzung für die Wunde zahlen; ähnlich bestimmt das burgundische Gesetz [125]).

Es ist nach alledem nicht wohl zu bezweifeln, daß die Volksrechte einen sehr prägnanten Begriff des dolus besitzen, dem eigentlich nichts fehlt als der Name resp. die von diesem involvierte letzte Abstraktion, zu welchem letzten Schritt sie nicht gelangten; daß sie ferner einen bewußten Gegensatz zwischen Versuch und Vollendung besaßen und diesem zum Teil sogar in dem abgeleiteten Strafmaß Ausdruck verliehen.

---

der nachzuspüren hier zu weit geführt haben würde; vergl. auch im Text das Folgende.

[120]) S. am Anfang des Paragraphen die Citate aus der l. Sal. W. S. 601.

[121]) Z. I 165. Was hätte sonst die Vergleichung mit dem römischen Recht für Zweck? Ebenso Luden, dessen Ansicht John S. 140 ff. ausführlich citiert und widerlegt.

[122]) Sunes. 5, 24.

[123]) l. Wisig. 6. 4. 10.

[124]) Wilda S. 603, Anm. 1.

[125]) l. Burg. 37.

Was nun die Stufen des Versuchs anbetrifft, so sind auch hier beim Hochverrat ganz entfernte Vorbereitungshandlungen strafbar.[126]) Beim Giftmord fanden wir[127]) ebenso den bloßen Besitz von Gift strafbar; der Grund ist oben[128]) angedeutet. Bei Mord mit Waffen ist bedroht bald Messerziehen,[129]) Schwertzücken,[130]) bald der insultus,[131]) bald das Schlagen oder Schießen.[132]) Die Strafen sind, der Unbeholfenheit des Kompositionssystems gemäß, Geldstrafen von verschiedener Höhe. In manchen Gesetzen fiuden sich auch Abstufungen nach dem Fortschritt einer verbrecherischen Handlung,[133]) doch ist der Zusammenhang ein loser, die Zusammenstellung weist im Gegensatz zu der oben besprochenen Gegenübersetzung von Versuch und Vollendung nicht überall mit Notwendigkeit auf eine bewußte Ableitung der Strafe der einen von der andern Handlung hin, nur freilich, daß hier wie überall ganz klar und bewußt mindestens der Grundsatz hervortritt, daß ein Fortschreiten in der verbrecherischen Handlnng auch eine Erhöhung der Strafe herbeiführt.

§ 18.

Das Zeitalter der Rechtsbücher.

Bestrafungen unvollendeter Verbrechen nach germanischem Rechtsgrundsatz finden wir auch in den Rechtsbüchern und den Stadt- und Dorfrechten des Mittelalters, von denen Osenbrüggen[134]) für die schwäbisch-schweizerischen Zeugnisse das Dominieren der Willensseite mit Recht als Grundzug erklärt, was auch John[135]) für die sächsischen, d. h. norddeutschen Quellen anerkennt. Die Zeugnisse des alamannischen Rechts[136]) gehen so weit, schon das bloße Zücken einer Waffe, eines Steines der vollendeten Tötung teils ausdrücklich,[137]) teils nur durch den gleichen Straf-

---

[126]) Vergl. oben am Anfang des § 17 S. 45.

[127]) Vergl. oben § 17 S. 48 ff.

[128]) Vergl. oben § 5 S. 14.

[129]) Magnus Gulath. M. c. 14.

[130]) l. Burg. 37. l. Wisig. 6. 4. 6.

[131]) Hakon Gulath. M. c. 41. Sunes. 5. 24. Frost. 3. 17 usw.

[132]) Hakon Gulath. M. c. 41. l. Bajuv. 3. 6.

[133]) König Aelfreds weltl. Ges. c. 11. l. Alam. 58.

[134]) A. S. S. 151.

[135]) S. 186.

[136]) Osenbrüggen, A. S. 144–151.

[137]) Dorfordnung von Bonstetten § 3.

satz[138]) gleichzustellen, also Fälle, in denen heutzutage wegen des durch das Nichtwerfen bewiesenen Rücktritts zweifelsohne Straflosigkeit zugebilligt werden müßte; andre Stellen drohen für das Zücken wenigstens hohe Buße an.[139]) Auch für den Fehlwurf kommt gleiche Buße wie für Tötung vor[140]) und ist merkwürdigerweise daneben für einen Wurf, der trifft, nur die dem Erfolg entsprechende Wundbuße angesetzt; ja in der oben erwähnten Dorfordnung von Bonstetten ist letztere neben der Todbuße für bloßes Zücken angedroht.

Osenbrüggen[141]) erklärt mit Recht diese Auffassung für extrem, welche „den frevelhaften Willen, der nur die Hand durchzuckt, schon in seiner ersten Manifestation ergreift und das ganze Bild des möglichen Schadens bis zum äußersten Punkte verfolgt, um daran die Verantwortlichkeit für das möglichste Äußerste zu knüpfen". Aber wenn es immerhin extrem ist, diese Verantwortung daran zu knüpfen, so bleibt doch das feststehend, daß die betreffenden Gesetze bereits fähig waren, den Begriff des nur gewollten Verbrechens aus der geschehenen That, und die Strafe der letztern aus der des erstern abzuleiten, wie John es als Kriterium bewußten Versuchsbegriffs verlangt;[142]) daß sie dann in extremer und roher Weise die Strafe nicht geringer, sondern gleich hoch wie die der Vollendung ansetzen, kommt nicht zur Sache. Auch eine schon aus der Karolingerzeit[143]) datierende Bestimmung des Schwabenspiegels[144]) über versuchte Verwundung straft diese wie die vollendete. Weniger klar liegen die übrigen Zeugnisse. Ein Fall des versuchten Diebstahls, der wie der vollendete mit Henken bestraft wird, verdankt diese Strafe nur dem Umstande, daß der Beweis durch Ergreifung auf frischer That erleichtert wurde.[145]) Die sonstigen Fälle[146]) setzen für das bloße Zücken der Waffe eine Buße, die jedoch des Bezuges auf die Vollendungsstrafe ermangelt. Hier wie überall ist aber daneben,

---

[138]) Offnung von Kyburg § 16.

[139]) Osenbrüggen A. S. S. 147 Anm. 5.

[140]) Ordnung des Dinghofes zu Muttenz § 7.

[141]) A. S. S. 148.

[142]) John S. 183. 184.

[143]) 2. Alam. Karoli 75.

[144]) Schwsp. G. 277. L. 326. W. 276.

[145]) Osenbrüggen A. S. S. 151.

[146]) Schwsp. 80 (W. 80. 98) Geschworener Brief von Luzern ao. 1252. Offnung von Tablatt; vergl. Osenbrüggen, A. S. S. 149.

in unmittelbarer Gegenüberstellung, für den Fall, daß wirklich Schaden angerichtet ist, die bestimmte landesübliche Buße angedroht je nach Schwere der Verletzung. Und diese Bestimmtheit, sobald man einen greifbaren Schaden hat, und das Schwanken, sobald dieser nicht vorliegt, zeigt ganz deutlich, daß man den Gegensatz und die Beziehungen beider Fälle aufeinander wohl verstanden hat, daß man sich auch der Notwendigkeit, selbst ohne konkreten Schaden zu strafen, wohl bewußt war, sobald sich die böse Absicht, hier im Waffenzücken, dort im Erbrechen des Schlosses manifestiert hatte, daß man aber sich über die Höhe der Strafe in Verlegenheit befand, aus der man sich bald geschickter, bald ungeschickter herauszuwinden suchte. Diese Verlegenheit ist geeignet, die Tendenz, den frevelhaften Willen streng zu strafen, nicht zu verhehlen, sondern vielmehr aufzudecken. Denn sobald man, wegen des klaren Beweises, dem Thäter beikommen kann, sehen wir, daß man ohne Gnade sogar den Henker in Thätigkeit setzt. Ohne zu weit zu gehen, wird man also schließen dürfen: die Strafbarkeit des unvollendeten Verbrechens in sehr weiter innerer Ausdehnung ist der Thatsache nach vorhanden; die Beziehung des Versuchs auf die Vollendung und die Korrelation der Strafen beider ist in manchen Rechten aber noch nicht durchgängig anerkannt und der Begriff als solcher mit besonderm Namen noch nicht abstrahiert.

Die Betrachtung der norddeutschen Rechtsbücher und Statuten führt nicht zu einem so weiten Resultat einer Übertragung der Vollendungsstrafe auf den Versuch, wie in der Bonstettener Dorfordnung; und überhaupt, einer so deutlichen Erklärung, die Strafbarkeit des Versuchs aus der der Vollendung herzuleiten, wie im alamannischen Recht, begegnen wir hier nicht. Die Strafen treten selbständiger und als für selbständige Vergehen gesetzt auf: natürlich ist die faktische Strafbarkeit von Versuchs- und Vorbereitungshandlungen im heutigen Sinne, wie Schwertzücken,[147]) Tragen[148]) und Besitz von Waffen[149]) und Ansammeln von fremder Mannschaft[150]), Pläne gegen die Obrigkeit,[151]) Hochverrat[152]) usw. bereits

[147]) Nordhäuser Weisthümer, vgl. John S. 154., Ssp. 1. 2, 4. 1, 62, 2; Gosl. Statuten S. 347, Z. 30. Verm. Ssp. 4, 35, 1.

[148]) Friderici I const. de pace tenenda; vgl. John S. 155.

[149]) Dithmarsches Recht ao. 1539, Art. 244.

[150]) s. Anm. 149.

[151]) Magdeburger Fragen I, 1, 19; Lübsch. Recht 2, 202.

[152]) Ssp. 2, 1.

vorhanden. — John gibt für die meisten derselben zu, daß die frevelhafte Absicht, auch ohne Erfolg, bestraft werde; bei einigen Fällen aber sperrt er sich selbst gegen diese Annahme, obwohl doch z. B. bei dem Ansammeln landfremder Soldknechte, die ausdrücklich als bewehrt bezeichnet werden, nicht von einer Möglichkeit, sondern von einer Gewißheit und Absichtlichkeit künftiger Gewaltthaten geredet werden muß. Ebenso ist es doch nicht wohl zulässig, bei der Bestimmung der constitutio de pace tenenda (also gegen Gewaltthätigkeiten): daß einem rusticus (einem Landmanne, der doch sicher nicht zum Scherz zu Waffen greift) Waffen, die er trägt, abzunehmen seien — bei diesem Satz in Frage zu stellen oder ganz abzuleugnen, daß mit Rücksicht auf künftige Gewaltthaten die Strafmaßregel angeordnet sei[153]). Daß das Schwertzücken neben seinem Auftreten als Versuchshandlung auch als delictum sui generis, als Drohung vorkommen kann und wirklich vorkommt,[154]) beweist doch nichts gegen die andern Quellenstellen, die sich durch Zusätze, wie „auf eines Mannes Schaden“ und dergl. unzweifelhaft als Versuche charakterisieren. Noch weniger ist aber einzusehen, warum John mit so großer Peinlichkeit betont, daß die Strafe mit Rücksicht auf das zu vollendende Verbrechen abgemessen und aus dessen Strafmaß abgeleitet sein müsse, wenn vom Bewußtsein eines Versuchsbegriffes die Rede sein solle[155]). Diese Bedingung, die wir bereits oben[156]) als viel zu streng bezeichneten, beruht auf einem so modernen Gedanken, daß seine Einführung in die Rechtsperiode der Volksbücher fast den Charakter des Anachronismus trägt. Denn selbst die Carolina, die doch einen bei weitem bewußtern, ja einen vollbewußten und benannten Versuchsbegriff besitzt, würde sich eines solchen nicht rühmen können, wenn man Johns Anforderungen gelten ließe. Darüber aber, daß das Meisterwerk Schwartzenbergs gerade den Vollbesitz des wertvollen Versuchsbegriffes hat, ist kein Zweifel jemals laut geworden, und auch John legt jenen Maßstab nicht an dasselbe an; wenn sich also unten[157]) ergeben wird, daß seine Kriterien der Carolina widersprechen, so darf die ganze Bedingung als überstreng verworfen

---

[153]) John, Ndd. S. 153.
[154]) Magdeburger Fragen I. 1, 19.
[155]) John, Ndd. S. 159. 183. 184.
[156]) Vergl. § 17 S. 48.
[157]) Vergl. § 18 S. 54 und § 19 S. 57 und Anm. 178.

werden und wird dadurch der größte Teil[158]) der angeführten Beispiele sich als bewußte Versuchsbestrafungen charakterisieren[159]) — bewußte in dem Sinne, daß sie als unvollendete Realisierung einer verbrecherischen Absicht zur Strafe, gleichviel zu welcher, gezogen werden. Denn, um nur dies vorwegzunehmen, die Carolina enthält über ein Verhältnis der Strafe des Versuchs zu der der Vollendung nichts weiter, als daß dieselbe Kategorie der Strafen, die peinlichen, zur Anwendung kommen sollen, und dies Erfordernis finden wir z. B. schon in der Bestimmung des Bremischen Rechts[160]), wonach das Messerzücken mit Strafe an Haut und Haar, die Verwundung mit Leibes-, die Tötung mit Lebensstrafe geahndet wird, also allemal peinliche Strafe verhängt wird. Den Grad der Strafe und die engere Strafart stellt die Carolina frei; daß vor diesem systematischen Gesetze die Proportion der Versuchs- und Vollendungsstrafe noch weniger streng bestimmt wurde, ist erklärlich.

§ 19.
Die Constitutio Criminalis Carolina.

In der Bamberger Gerichtsordnung, Art. 204, und kurz darauf unverändert in Kaiser Karls V. peinlicher Gerichtsordnung, Art. 178, aufgenommen, tritt zum ersten Male der vollbewußte, selbständig benannte, allgemein anwendbare Versuchsbegriff mit eignem Strafmaß auf. Die natürliche Folge ist, daß in dem Gesetz die Kasuistik[161]) so gut wie ganz[162]) aufhört und daß sich demgemäß

---

[158]) Ausnahme ist z. B. die offenbar selbständige Drohung in Magdeburger Fragen I. 1, 19; vergl. oben S. 52 Anm. 151.

[159]) So besonders auch die „Not" und die „Lage" (John, Ndd. S. 173 bis 182), zwei im norddeutschen Recht sehr entwickelte Verbrechensbegriffe, die sehr selbständig auftreten, aber trotzdem nichts sind als Zusammenfassungen gewisser Arten von Angriffshandlungen; die Not umfaßt die Angriffe gegen die Person, diejenigen gegen die weibliche Ehre mitinbegriffen, und die Lage alle durch Auflauern qualifizierten (dadurch als prämeditiert bewiesenen) Mord- und Raubversuche in ziemlich weiter innerer Ausdehnung und mit peinlicher Strafe. Daß auch die „Heimsuchung" hierher gehöre, bestreitet John, Ndd. S. 173 im Verein mit Osenbrüggen gegen Köstlins unbewiesene Behauptung; dagegen dürfte Johns Ansicht über den Friedebruch wohl nach Obigem zu modifizieren sein.

[160]) Antiqua 1303; vergl. John, S. 163. 164.

[161]) Einige scheinbare Ausnahmen stimmen mit dem Prinzip des Art. 178 ganz überein; vergl. Z. I S. 174. 175.

[162]) Unbedeutende Ausnahmen sind Art. 119. 172. 173.

die Erörterung auf eine Interpretation der einen maßgebenden Gesetzesnorm zu beschränken hat.

Definiert ist die „underſtandene Miſſethatt" so[163]): „item so sich jemandt eyner missethatt mit etlichen[164]) scheinlichen werken, die zu volnbringung der missethatt dienstlich sein mögen, understeht, unnd doch ann volnbringung derselben missethat durch andere mittel, wider seinen Willen, verhindert würde, solcher böser will, darauß etlich werck, als obsteht volgen, ist peinlich zu straffen, Aber inn eynen fall herter dann in dem andern, angesehen gelegenheit und gestalt der sach, darumb sollen solcher straff halben die urtheyler, wie hernach steht, radts pflegen, wie die an leib oder leben zu thun gebürt."

Strafgrund ist also ausdrücklich der Wille, aus dem scheinliche Werke folgen, und zwar muß sowohl der Wille als auch die scheinlichen Werke das zu vollbringende Werk fördern. Eine weitergehende Bedeutung als diese[165]) hat das Wort „dienstlich" nicht, insbesondere ist die Bedeutung „welche das Verbrechen unmittelbar ausführen sollen" erst künstlich hineininterpretiert worden, um die Norm mit der italienischen Praxis, die nur den conatus perfectus bestrafen wollte, in Einklang zu bringen. Daß hierzu ebensowenig Berechtigung vorliegt, wie dazu, in dem Worte „scheinliche Werke" mehr als „manifesta, probabilia opera s. actiones"[166]) zu finden — wie man darin auch die ganze italienische Ansicht[167]) hat finden wollen — wird dadurch nicht entkräftet, daß schon die Zeitgenossen zum Teil, wie Georg Remus in seiner Paraphrase,[168]) die Ansichten der italienischen Rechtslehrer einfach und ohne jede Rechtfertigung in den Text der Carolina hineintrugen. Denn ein getreuer Übersetzer wie Gobler bringt von Remus' willkürlichen Zusätzen und ungehörigen Beispielen nichts, und das Vorhandensein der letztern beweist nur, was freilich niemand bezweifelt, daß

[163]) C. C. C. 178.

[164]) Die Lesart „ehrlich" ist ein Druckfehler und entbehrt jeder Begründung; vergl. Carpzov, Pract. I qu. 2 obs. 4; Boehmer, Med. art. 178 § 4.

[165]) Gobler übersetzt: factis ad effectum seu completionem maleficii conducentibus; vergl. Z. I S. 224.

[166]) Gobler: apparentibus factis; vgl. auch Z. I S. 13.

[167]) Vergl. oben § 16 S. 40 ff.

[168]) Derselbe schreibt: si quis non extrinsecis tantum et remotis factis, ut adparatu telorum, veneni mali praeparatione etc. sed proximis quae ad perfectionem criminis pertingunt, maleficium designare conetur.

Remus und Genossen sehr tief in den Anschauungen der Doktoren befangen waren, und daß sie ferner in der Kunst des Interpretierens sich jener „Munterkeit“ befleißigten, die Goethe den Mephisto so sehr empfehlen läßt. Wenn Zachariae[169]) daraus den Beweis entnehmen will, daß die Carolina ganz auf dem Boden der italienischen Praxis erwachsen sei und deren Lehren vollständig übernommen habe, worin sich ihm auch, allerdings reservierter, Koestlin[170]) anschließt (der aber doch gleich darauf Abweichungen anerkennt, ebenso wie Haelschner[171])), so ist dies eine natürliche Folge davon, daß sie das deutsche Recht des Mittelalters ganz oder so gut wie ganz ignorieren resp. ihm Grundsätze zuschreiben, die es nie[172]) besessen hat. Denn aus dieser wahren Grundlage der Schwartzenbergschen Arbeit ergibt sich,[173]) daß dem deutschen Recht ein verbrecherischer Wille, der durch beweiskräftige Handlungen sich bethätigt hat, vollständig zur Bestrafung genügte; und nur diesen langgeübten Brauch in feste Worte gefaßt und allgemeingültig gemacht zu haben, ist Schwartzenbergs Verdienst, welches dadurch nicht geringer wird, daß noch lange nach ihm die besten Köpfe von den gleißenden Distinktionen und Subdistinktionen der Italiener sich blenden ließen, da er dadurch nur um so genialer über seiner Zeit stehend erscheint.

Gegen Mittermaier[174]), der noch speziell aus Art. 37 der C.C.C. herleiten will, daß der Giftkauf, also eine Vorbereitungshandlung, als bloßes indicium betrachtet und nicht gestraft worden sei, ist zu sagen, daß der zweite Fall des Artikels zeigt, daß schon blos das Kaufen von Gift genügt, um die Folter zur Anwendung zu bringen, resp. überhaupt ein Verfahren einzuleiten; und wozu das, wenn nicht um festzustelleu, ob der Verdächtige das Gift zu unschuldigen Zwecken brauchen will — in welchem Fall er nach dem ersten Teil des Artikels straflos ist — oder zu verbrecherischen — weil dann die Strafe eintritt. Denn wären beide Fälle straflos, wozu die Untersuchung? — Wie ferner aus Art. 130 ein Unterschied zwischen Versuch und Vollendung je nach dem Erfolg

---

169) Z. I S. 225.

170) S. I S. 219.

171) S. S. 177.

172) Vergl. oben § 17 S. 45 ff.

173) John, Ndd. S. 183.

174) N. Arch. I 168, II 615, IV 20.

deduziert werden soll[175]), ist unerfindlich, da dort ausdrücklich Beschädigung an Leib oder Leben gleichgestellt ist, weil ersteres nicht als Versuch galt; und wenn man selbst, wozu aber kein zwingender Grund vorliegt, mit Carpzov[176]), wie Zachariae[177]) will, statt „Leib oder Leben" „Leib und Leben" lesen will, so besagte die bloße Hervorhebung auch eines geringeren möglichen Erfolges hier wie in Art. 109 und 132 doch noch nicht, daß nicht dennoch das allgemeine Prinzip des Art. 178 kumulativ zur Anwendung komme.

Auch was die Strafe des Versuchs anbetrifft, so ist in der P.G.O. keine ganz feste Vorschrift darüber enthalten, daß dieselbe geringer sein müsse als die der Vollendung; das einzige, was gesagt wird, ist: daß peinlich gestraft werden solle, und welche Dehnbarkeit diese Bestimmung hat, lehrt die Carolina selbst in Art. 104 und 105. Daß in einem Fall härter als in dem andern zu strafen sei, ist eine Anweisung, die die Freiheit des Richters in nichts beschränkt, da es ausdrücklich in Ansehung der ganzen Sachlage, sämtlicher mildernder und erschwerender Umstände geschehen soll, nicht etwa einseitig nach dem Stadium, bis zu welchem die Handlung fortgeschrttten ist. Denn davon steht kein Wort darin. Das einzige, was die Vorschrift „angesehen Gelegenheit oder Gestalt der Sache" jedem Richter sagen mußte, ist, daß er unter diesen Umständen auch die Natur des beabsichtigten Verbrechens als obenanstehend zu berücksichtigen habe, so daß eine gewisse Beziehung der Strafen untereinander stattfinden müsse, so z. B., daß die Versuchsstrafe die der Vollendung nicht überschreiten dürfe.[178]) Ein näheres Abhängigkeitsverhältnis, geschweige denn eine Proportion, wie wir sie heute kennen, ist nirgend bestimmt und wäre bei dem unbeholfenen Strafsystem auch schwer zu bestimmen gewesen; es mußte der Fall nach bestem Wissen und Gewissen entschieden werden. Daß in praxi, zumal unter dem thatsächlich mächtigen Einfluß der italienischen Doktrin,[179]) eine geringere Bestrafung, wie

---

175) Z. I S. 122.

176) Pract. q. 22 u. 42.

177) Z. II S. 175.

178) Auf diese winzige Beschränkung sind Johns oben § 17 S. 48 erwähnte übermäßige Bedingungen zu reduzieren.

179) Auf diese und ihre generalis consuetudo totius mundi berufen sich auch die deutschen Kriminalisten für die geringere Strafbarkeit des Versuchs, nicht auf die Carolina; vergl. Wächter, Strafrecht I § 85 Anm. 67 S. 141.

ja auch im germanischen Recht, durchaus die Regel war, soll garnicht geleugnet werden; daß aber auch Entscheidungen möglich gewesen wären, die, ohne sich vom Rechte zu entfernen, den Versuch mit der ordentlichen Strafe des vollendeten Verbrechens geahndet hätten, ist aufrecht zu erhalten.

Stufen innerhalb des neugefundenen Versuchsbegriffs kennt die Carolina, das letzte gemeinrechtliche Strafgesetz, wie wir sahen, nicht und ist damit auch eine Entscheidung, vom Jahre 1835,[180]) welche das Erfordernis eines Anfangs der Ausführung als dem gemeinen Recht fremd bezeichnet, in Übereinstimmung, sowenig sie der Rechtsanschauung der Zeitgenossen auch entsprochen haben mag.

Es war nicht nötig, der Carolina die Ansichten und Begriffe der Glosse zu imputieren, wie dies schon Remus und noch Zachariae versucht haben, um die Aufnahme, die dieselben im Rechtsbewußtsein und Gerichtsgebrauch ihrer Zeiten fanden, zu erklären und zu rechtfertigen. Denn formell hatte ja die P.G.O. jenen verhängnisvollen Mangel aller Reichsgesetze, daß sie „Churfürsten, Fürsten und Stenden an jren alten wohlerbrachten rechtmäßigen vnnd billichen gebreuchen nichts benommen haben“[181]) wollte — also konnte ein älterer Rechtssatz immer, und ein neugeschaffener erst recht, ihr derogieren, und materiell überließ sie dem Richter ja ausdrücklich, ganz nach bestem Wissen und Gewissen zu urteilen[182]).

§ 20.
Das Reichsstrafgesetzbuch.

Übereinstimmend wird in sämtlichen diese Materie behandelnden Lehrbüchern als nächster Schritt in der Entwickelung des Versuchsbegriffs, ohne spezielle Prüfung der Art seiner Entstehung das französische Gesetz vom 22. prairial des Jahres IV der Republik angeführt. Dieses bestimmt: Toute tentative de crime, manifestée par des actes extérieurs et suivie d'un commencement d'exécution, sera punie comme le crime même, si elle n'a été suspendue que par des circonstances fortuites, indépendantes de la volonté du prévenu.

---

[180]) Vergl. Z. I S. 222, Anm. 8.

[181]) Ende der Vorrede der C. C. C.

[182]) C. C. C. Art. 219.

Mit der Änderung[183]), die schon der Code pénal der napoleonischen Gesetzgebung Art. II einführte, daß nämlich die Worte suivie de im Text wegzulassen sind, ist diese Bestimmung des Anfangspunktes der Strafbarkeit mit einer Einstimmigkeit[184]) von allen deutschen Ländern und Ländchen aufgenommen worden, die es fast selbstverständlich erscheinen läßt, daß auch das Strafgesetzbuch für das Deutsche Reich dieselbe rezipierte. Eine letzte redaktionelle Verbesserung[185]) nahm das Strafgesetzbuch[186]) vor, indem es die begrifflich unwesentliche[187]) Bestimmung über freiwilligen Rücktritt[188]) aus der Definition[189]) entfernt hat. Die Strafe des Versuchs war schon in den meisten Partikulargesetzen geringer als die der Vollendung, und hat demgemäß das Reichsgesetz die französische, von Preußen 1851 adoptierte gleiche Strafbarkeit des Versuchs verworfen; ebenso hat es keine der weitern Stufen des Versuchs, conatus perfectus und dergl., sowie keine der noch immer streitig gebliebenen, sehr mit Unrecht in die Gesetzgebung der deutschen Staaten eingedrungenen Fragen nach der Tauglichkeit der Mittel, nach dem Vorkommen, resp. der Anwendbarkeit des Versuchsbegriffs bei den einzelnen Arten von Strafthaten aufgenommen, indem es für die letztere Frage allerdings die um nichts bessere[190]) französische Bestimmung über den Versuch der Vergehen wiederholte.

Nachdem nun oben gezeigt worden ist, daß die neue Fassung der Strafbestimmung für versuchte Verbrechen die Auffassung gezeitigt hat, als sei eine begriffliche Verschiebung der Grenze der Strafbarkeit damit beabsichtigt, ist es geboten, der Entstehung dieser neuen Fassung so genau als möglich nachzuspüren und zu kontrollieren, ob solche Absicht bei der ersten Redaktion der neuen

183) Ch.-H. II S. 9 ignorieren sie ganz.

184) Ausnahmen waren anfangs Bayern und Oldenburg, die auch die Vorbereitungshandlungen als „entfernten Versuch“ mitstraften.

185) Binding, J. E. hält es mit Unrecht für eine Verschlimmbesserung (sic!); vergl. oben § 7 S. 18 Anm. 48.

186) Genauer schon der Entwurf II § 41 u. 43.

187) s. oben § 7 S. 19.

188) R.St.G.B. § 45.

189) R.St.G.B. § 43.

190) Vergl. Binding, Kritik zum Juli-Entwurf, S. 80—83, dessen Tadel über die Inkonsequenz der Auswahl auch im Versuch zu strafender Vergehen ebenso berechtigt ist wie der über die besondere Versuchsnorm der Vergehen überhaupt.

Form vorgewaltet hat; aus dieser Untersuchung müßte sich dann ja auch ergeben, welches das oben[191]) vergeblich gesuchte Prinzip der gedachten Redaktion für die Scheidung der Versuchs- und Vorbereitungshandlungen gewesen ist. Das Resultat dieser Untersuchung wird dahin ausfallen, daß die Umbildung des Begriffes der Carolina in die des Gesetzes vom 22. Prairial IV aktenmäßig nachweisbar so schrittweise, aus so unbedeutenden einzelnen redaktionellen Umformungen nach und nach entstanden ist, daß die Möglichkeit einer bewußten und absichtlichen Umgestaltung des Begriffes absolut keinen Raum findet.

§ 21.
Die Entstehung des Gesetzes vom 22. Prairial an IV.

Das Gesetz vom 22. Prairial des Jahres IV ist eine Novelle zum Code pénal vom $\frac{25.\ \text{September}}{6.\ \text{Oktober}}$ 1791. Dieses Gesetzbuch enthielt noch keine generelle Strafbestimmung für Versuch, sondern verordnete nur beim Mord und Giftmord die Strafe des vollendeten Verbrechens auch für den Versuch in bestimmten genau angegebenen Einzelfällen. Der Mord, wenn auch unvollendet, wird bestraft mit der im Artikel 11 bestimmten Strafe, wenn der in der Absicht zu töten erfolgte Angriff ausgeführt ist.[192]) Tötung durch Gift, wenn auch unvollendet, wird bestraft mit der im Artikel 12 bestimmten Strafe, wenn die Vergiftung ausgeführt ist, oder wenn das Gift vorgesetzt oder vermischt worden ist mit Speisen oder Getränken, die speziell zum Gebrauche, sei es der Person, gegen die der verbrecherische Plan sich richtete, sei es einer ganzen Familie, Gesellschaft oder Bewohnerschaft eines und desselben Hauses, sei es des Publikums, bestimmt sind.[193]) Wenn indessen vor der Ausführung der Vergiftung, oder ehe die Vergiftung der Speisen und Getränke entdeckt worden ist, der Vergifter die Ausführung des Verbrechens anhält, sei es durch Beseitigung der gedachten Speisen oder Getränke, sei es, indem er deren Benutzung verhindert, so wird der

---

191) S. S. 53.

192) Loi a. 1324; Code Pénal. Donnée à Paris le 6 octobre 1791; décret de l'Assemblée Nationale du 25 septembre 1791. Titre II. Première section. Art. XIII.

193) ibid. Art. XV.

Angeklagte freigesprochen.[194]) Vorher hatte schon das Edikt Ludwigs XIV vom Juli 1682 art. 5, nur minder kasuistisch, verordnet: Diejenigen, welche überführt werden, dem Leben jemandes mittels Giftmischerei und Gift nachgestellt zu haben, derart, daß es nicht an ihnen gelegen hat, daß dieses Verbrechen nicht vollendet worden, werden mit Tode bestraft.

Als nun durch die Revolution die Gerichtspflege an Bürgerausschüsse übertragen wurde, standen diese den häufig vorkommenden Fällen von unterbrochenen Einbruchsdiebstählen und dergl. ohne anwendbare Gesetzesnorm gegenüber und sandten deshalb Botschaft über Botschaft an die gesetzgebende Versammlung, um Abhilfe schaffen zu lassen.[195]) Am 5. Floréal des Jahres IV wurde denn auch von der zu diesem Zwecke eingesetzten Kommission im Rate der Fünfhundert Bericht erstattet und am 14. prairial daselbst das Gesetz angenommen,[196]) das am 22. ejusdem sanktioniert und publiziert wurde. Der Bericht des Herrn Emmanuel Pastoret enthält zwar eine Reihe rein rhetorischer Ausführungen, es ist aber seine vollständige Wiedergabe einesteils zum vollen Erweise des oben aufgestellten negativen Beweisthemas nicht zu

[194]) ibid. Art. XVI.

[195]) Procès verbaux de l'Assemblée Nationale du 10/4, 17/5, 22/5, 23/5, 25/5, 21/8 de l'an 1792, l'an quatrième de la liberté.

[196]) Procès verbaux de l'Assemblée Nationale p. 239:

Du 14 prairial, an quatrième de la République française une et indivisible. — Présidence de Defermon: Un membre au nom de la commission chargée d'examiner le message du Directoire exécutif sur les tentatives de crimes, soumet à la discussion le project de résolution présenté à ce sujet par la commission. Il est discuté et mis aux voix, et adopté dans ces termes:

„Le conseil des Cinq-Cents, considérant, que le code pénal ne prononce aucune peine contre les tentatives du vol, de l'incendie et des autres crimes, à l'exception de l'assassinat et de l'empoisonnement;

„Considérant que l'impunité enhardit et multiplie les coupables;

„Déclare qu'il y a urgence.

„Le Conseil des Cinq-Cents, après avoir déclaré l'urgence, résout.

Article premier. Toute tentative de crime, manifestée par des actes extérieurs, et suivie d'un commencement d'exécution, sera punie comme le crime même, si elle n'a été suspendue que par des circonstances fortuites, indépendantes de la volonté du prévenu.

II. La présente résolution sera imprimée; elle sera portée au Conseil des Anciens par un messager d'état.“

umgehen, anderenteils sind diese Materialien, obwohl im Druck in der gesetzgebenden Versammlung verteilt, doch nicht so allgemein zugänglich, daß ihr Wiederabdruck in der Fußnote[197]) nicht willkommen sein möchte.

---

[197]) Corps Législatif. — Conseil des Cinq-Cents. — Rapport fait par Emm. Pastoret. — Sur les tentatives de crimes. — Séance du 5. Floréal an IVe.

Représentans du Peuple,

Un message du Directoire exécutif vous demande sur les tentatives de vol une loi pénale. un autre message en demande une sur les tentatives d'incendie. Déjà, le 12 avril 1793, la Convention nationale avoit chargé son comité de législation de lui présenter la première de ces lois: plus anciennement, un comité semblable avoit reçu la même mission du Corps législatif; et il commençoit de la remplir, quand les évènements politiques absorbèrent l'attention et les travaux de l'Assemblée nationale.

Cependant, l'impunité enhardit le crime: il est temps que le glaive des lois le puisse atteindre.

Des hommes sont trouvés dans une maison qui n'est pas la leur, ayant de fausses clés; d'autres sont entrés la nuit, par une échelle encore suspendue, dans ma cour, dans mon jardin, et on les y découvre, munis d'instrumens dont ils commençoient à faire usage, pour ouvrir une porte, pour briser la serrure d'une fenêtre; d'autres s'introduisent, furtivement et armés, dans une chambre, ils y sont cachés derrière un meuble, dans une armoire, sous un lit; d'autres ont commençé une effraction; aucun d'eux n'a dérobé: ces divers délits, plus ou moins avancés, échapperont-ils tous à la punition des lois, parceque le coupable n'aura pas eu le temps de consommer entièrement son crime?

D'autres hommes encore (je pourrais citer une foule de cas: je prends celui du message du directoire exécutif) s'introduisent, la nuit, dans une propriété nationale, dans la maison commune du lieu qu'ils habitent, pour y brûler les papiers publics qu'elle renferme. Ils ont avec eux tous les moyens, tous les instrumens de l'incendie: déjà le feu va s'allumer, on surprend les auteurs, on les arrète; seront ils pareillement impunis?

Le comité de l'Assemblée législative pensa que le même châtiment doit frapper le crime tenté et le crime accompli. Trois raisons principales déterminèrent la décision.

1o Le code pénal punit la tentative du meurtre et du poison comme l'empoisonnement et le meurtre.

2o Les complices d'un attentat sont toujours punis comme les auteurs.

3o Il est naturel de supposer que si le crime n'a pas été consommé, c'est que l'accusé ne l'a pas pu; il en a montré bien évidemment la volonté.

Le comité de législation proposait néanmoins qu'il fût permis d'acquitter le prévenu, quand la tentative, quoique suivie d'un commencement d'exécution, auroit été arrêtée par l'effet de son repentir.

Der Gedankengang des Berichts ist folgender: Nach einer kurzen Einleitung über die Geschichte des Antrages geht er zum Beweise der Notwendigkeit desselben über; sodann werden die

Malgré une exception si équitable, cette opinion présente d'abord une apparence de confusion et d'injustice: on est porté du moins à en blâmer la rigueur. Un examen approfondi lui devient bientôt plus favorable.

Tant qu'il ne s'agit que d'un dessein conçu et médité silencieusement dans la tête du coupable, la loi doit s'arrêter sans doute: il est trop évident que la pensée n'est qu'un rapport de l'homme à Dieu. Aussi, la morale venant à l'appui d'une législation impuissante, a-t-elle proclamé cette idée sublime, que le coeur du méchant est toujours ouvert devant les yeux de l'Eternel, qui réserve au crime échappé à la vengeance des lois l'immortalité d'une vengeance plus terrible.

Punir le dessein d'un crime, quand aucun acte extérieur n'a manifesté la volonté de le commettre, c'est ressembler à ce roi de Syracuse, qui fit donner la mort à un de ses sujets pour avoir, disoit-on, rêvé qu'il la donnoit lui-même au tyran.

Le code criminel des Anglais, ordinairement si humain et si juste, n'est-il pas également souillé par un statut de Richard II, qui ose punir comme crime de lèse-majesté le dessein de détrôner le roi, quoique aucun signe extérieur n'en ait manifesté la pensée?

Ce ne fut pas ainsi que se conduisirent les législateurs des Romains. Sans doute, quand Rome, veuve de la gloire et de la liberté, se fut complaisamment prosternée devant un maître absolu, une pensée, un songe, le silence même devinrent des motifs d'accusation contre tous ceux, dont le despote redoutoit la vertueuse énergie; mais d'autres principes étoient en vigueur aux jours où la patrie de Caton et de Brutus se montroit digne encore d'être la capitale du monde. Si le crime néanmoins avoit commencé, la loi ne le couvroit pas d'une indulgence funeste. Le dessein alors s'étoit manifesté par une action, l'action était punie. Même en voulant considérer l'issue d'un attentat, le législateur disoit: Celui qui tue, et celui qui s'arme pour tuer, méritent le même châtiment.

Dans un code publié avant la révolution française, code où la philosophie pouvoit déjà s'applaudir d'avoir fait triompher quelquefois les droits de l'humanité, je lis aussi ces paroles remarquables*): „Quoique la pensée et un mauvais dessein intérieur seuls et sans effet, ne soient point des délits criminels, cependant il n'est point nécessaire, pourque le délit soit constaté, que la mauvaise action ait été effectivement exécutée. La tentative d'une mauvaise action est déjà un délit criminel par elle-même, aussitôtque l'homme mal intentionné s'est disposé à la commettre effectivement, et qu'il a découvert son dessein par des actions et des marques extérieures.“ Mais pourquoi vais-je chercher dans d'autres codes des exemples étrangers? Le nôtre même a consacré ce principe. „L'assassinat, dit l'article 13 de la première section du second titre, quoique non

*) Code de Joseph II, chapitre I art. 9.

Gründe der gleichhohen Bestrafung von Versuch und Vollendung und das Korrektiv der Straflosigkeit freiwilligen Rücktritts behandelt. Von den Gründen interessiert der erste, die Berufung auf

consommé, sera puni de la peine portée en l'article 11 (la mort), lorsque l'attaque à dessein de tuer aura été effectuée. L'article 15 dit aussi: „L'homicide par poison, quoique non consommé, sera puni de la peine portée en l'article 12 (la mort) lorsque l'empoisonnement aura été effectué, où lorsque le poison aura été présenté, ou mêlé avec des alimens ou breuvages spécialement destinés, soit à l'usage de la personne contre laquelle ledit attentat aura été dirigé, soit à l'usage de toute une famille, société ou habitans d'une maison, soit à l'usage du public." „Si toutefois, dit l'article suivant, avant l'empoisonnement effectué, ou avant que l'empoisonnement des alimens et breuvages ait été découvert, l'empoisonneur arrêtoit l'exécution du crime, soit en supprimant les dits alimens ou breuvages, soit en empêchant qu'on en fasse usage, l'accusé sera acquitté."

Pouvons-nous appliquer au vol, à l'incendie, aux autres crimes, les dispositions sur l'homicide et l'empoisonnement? Le code pénal prononce quatre années de fer contre „quiquonque sera convaincu d'avoir verbalement, ou par écrits anonymes ou signés, menacé d'incendier la propriété d'autrui, quoique les dites menaces n'aient pas été réalisées" (titre 2, section 2 § 34). Si une punition grave est infligée à de simples menaces, qui ne sont souvent que l'expression mobile de la colère, qui ôtent à l'accomplissement du crime une partie de sa certitude et de son danger, par cela même qu'elles avertissent du projet et redoublent la surveillance, à combien plus forte raison devons nous être sévères envers un attentat dont l'exécution commencée n'a été suspendue, au moment où le coupable s'y livroit, que par une force entièrement indépendante de lui?

Le code pénal aussi regarde toujours comme complice et frappe toujours d'une peine semblable celui qui a provoqué l'auteur d'un crime, celui qui lui fournit des instrumens ou des armes, celui qui l'a seulement aidé dans quelques-uns des actes, qui l'ont préparé, celui dont l'action n'a même fait que suivre l'action déjà terminée du coupable, le receleur d'un vol, par exemple: et vous n'appliqueriez pas ces principes à l'homme, qui fut lui-même son conseiller, son fournisseur, son aide, son provocateur; qui a mis dans l'exécution l'emploi de toutes les forces, de tous les moyens, de tous les actes, que plaçoit dans ses mains la volonté inébranlable de commettre le crime!

Cependant, je ne l'ignore pas, il faut distinguer dans une mauvaise action le mal fait aux individus, le mal fait à la société. Réprimer tout ce qui peut être nuisible, punir tout ce qui l'est devenu; voilà sans doute le devoir des lois; mais s'il est possible que le crime ne soit pas entièrement parvenu jusqu'à celui qui en était l'objet, sans avoir cependant moins de droit à leur vigilance, à leur châtiment, il est possible aussi que la violation déjà commencée de la propriété particulière, perde une partie de sa nuisibilité publique par la suspension qu'ont fait naître le regret, la

den Vorgang des Code pénal bei Mord und Giftmord, hier nicht; ebensowenig die schiefe Parallele, daß ja auch die Gehilfen einer Strafthat wie die Thäter bestraft würden. Nur der dritte Grund

---

honte, le tourment d'une conscience agitée. C'est dans une combinaison sage de la volonté de l'homme et du dommage causé, que résident surtout la gravité du délit et la justice de la peine.

S'il est absurde et féroce de regarder la pensée comme un commencement de crime, de la punir comme un crime consommé, il ne serait pas moins de ne permettre aucun accès au répentir. Ah! croyons au remords, et ne repoussons pas le retour à la vertu.

Mais il faut toujours en revenir à la maxime tutélaire de la sûreté individuelle et de l'ordre public. Si la suspension du crime n'appartient point à la volonté de l'homme, qui a commencé de le commettre, si elle est forcée par des circonstances qui lui sont étrangères, s'il est découvert avant de le consommer, nous paroîtra-t-il excusable pour n'avoir pas emporté une somme qu'il avoit déjà dérobée, pour n'avoir pas dérobé une somme enfermée dans un secrétaire qu'il avoit déjà brisé? Le devoir de la repression et du châtiment existent dèsque la pensée a cessé de n'être qu'une pensée, dès qu'une action extérieure en est devenue le résultat.

Tels sont les principes, qui nous ont dirigés dans le projet de résolution que je vais vous soumettre; ils s'appliquent à tous les crimes: aussi vous proposons-nous de rendre la loi générale. Il serait inutile d'ajouter que dans le cas où plusieurs circonstances atténueroient assez le crime pour le soustraire à une peine afflictive, on pourrait se borner à prononcer une peine correctionelle: le code pénal a là-dessus des dispositions formelles, et dans le titre des crimes contre les personnes et dans le titre des crimes contre les propriétés*). Voici le projet de résolution:

„Le Conseil des Cinq-Cents, considérant que le code pénal ne prononce aucune peine contre les tentatives du vol, de l'incendie et des autres crimes à l'exception de l'assassinat et de l'empoisonnement;

„Considérant que l'impunité enhardit et multiplie les coupables;

„Declare qu'il y a urgence.

„Le Conseil des Cinq-Cents, après avoir déclaré l'urgence, résout.

Article premier. Toute tentative de crime, manifestée par des actes extérieurs, et suivie d'un commencement d'exécution, sera punie comme le crime même, si elle n'a été suspendue que par des circonstances fortuites, indépendantes de la volonté du prévenu.

II. La présente résolution sera imprimée et envoyée par un messager au Conseil des Anciens."

— A Paris, de l'imprimerie nationale. — Floréal an IV. —

*) Seconde partie du code pénal. titre 2 section 1, articles 2, 18 et 19, et section 2. article 28. Voir aussi l'instruction sur la procédure criminelle, décrétée le 29 septembre 1791, et le nouveau code du 3 Brumaire, article 434.

enthüllt ein wirkliches Prinzip: es sei natürlich, anzunehmen, daß ein nicht vollendetes Verbrechen um deswillen unvollendet geblieben sei, weil der Angeklagte es nicht habe vollenden können; den Willen dazu habe er offensichtlich gezeigt. Dieses Prinzip, daß der böse Wille im unvollendet gebliebenen Verbrechen dieselbe Zurechnung wie im vollendeten verdiene, wird nun weiter erläutert, es wird aus Theorie und Rechtsgeschichte die rechtliche Straflosigkeit des Vorhabens, das nicht in die Außenwelt getreten, nachgewiesen und dann, vom Rechte der republikanischen Zeit Roms sprechend, fortgefahren: „Wenn indes das Verbrechen begonnen hatte, so fand es nicht verhängnisvolle Nachsicht vor dem Gesetze. Dann hatte sich die Absicht geoffenbart durch eine Handlung: die Handlung wurde gestraft. Obwohl geleitet von dem Wunsche, den Ausgang einer Strafthat zu berücksichtigen, verordnete der Gesetzgeber doch: Wer tötet und wer sich waffnet, um zu töten, verdient gleiche Ahndung."

Es ist wohl zu beachten: in diesem Satze allein, in seinen Worten „wenn indeß das Verbrechen begonnen hatte" ist die Basis zu finden, aus der in dem Gesetzesvorschlage als Quintessenz die Worte „commencement d'exécution" ausgezogen sind; diese Worte selbst kommen dann hier und da im weiteren Texte des Berichts[198]) vor, aber als bekannte Größen aus dem Gesetzesvorschlage vorweggenommen, nicht mehr als thema probandum, wie in der oben angeführten Stelle, mit Gründen und Beweisen erläutert. Nun ist aber gerade in der obigen ersten Stelle als Beispiel für bestraften Versuch im römischen Recht die aus dem Zusammenhang herausgerissene Stelle der lex Cornelia gewählt, die einen stets als klassisches Beispiel einer Vorbereitungs-Handlung von den Strafrechtslehrern citierten Fall bildet: „wer sich waffnet, um zu töten".

Damit harmoniert denn auch das ausgesprochene Prinzip der Kommission, das sich gegen Ende des Berichts findet: „Wenn die Unterbrechung des Verbrechens nicht dem Willen des Menschen,

---

[198]) Mit wieviel mehr Recht müssen wir streng sein gegen eine Strafthat, deren begonnene Ausführung in dem Momente, wo der Thäter sich zu derselben anschickte, nur durch eine von ihm ganz unabhängige Macht aufgehalten wurde? — Wenn es thöricht und blutdürstig wäre, den Gedanken als Anfang eines Verbrechens anzusehen und ihn wie ein vollendetes Verbrechen zu strafen, so wäre es ebenso, der Reue den Weg zu versperren. — vgl. oben am Ende der Seite ff.

der es zu verüben begonnen hat, zuzuschreiben ist; wenn der Wille gezwungen wurde durch Umstände, die ihm fremd sind; wenn der Verbrecher vor der Vollendung entdeckt wurde — würde er uns dann entschuldbar erscheinen, weil er eine schon entwendete Summe nicht weggetragen, weil er eine Summe nicht entwendet hat, die in einem von ihm schon erbrochenen Schrank lag? Die Pflicht zu ahnden und zu strafen ist vorhanden, sobald der Gedanke aufgehört hat, bloßer Gedanke zu sein, sobald eine äußerliche Handlung aus ihm sich ergeben hat."

Diese letzte Stelle, auf die die Schlußworte „Dies sind die Prinzipien, welche uns bei dem vorzulegenden Gesetzentwurf geleitet haben" bezeichnenderweise unmittelbar folgen, sagt mit dürren Worten, daß dieser Gesetzentwurf, welches auch immer sein Wortlaut sein mag, nach der Absicht seiner Redaktion nur zwei Stufen des unvollendeten Verbrechens kennen und anerkennen sollte, die nuda cogitatio und das crimen non consummatum. Von einer Zwischenstufe, von abgesondert unterschiedenen Vorbereitungs-Handlungen findet sich keine Spur. Dies muß maßgeblicher sein als die zufällig zweideutig ausgefallene Fassung des Gesetzvorschlages selbst. Die Worte „tentative manifestée par des actes extérieurs et suivie d'un commencement d'exécution" scheinen ja die Manifestation durch äußere Handlungen als ein erstes eventuell selbständiges Stadium, den Anfang der Ausführung als ein zweites, darauf folgendes anzusprechen. Aber nur scheinbar; denn 1. wäre dann die Manifestation durch äußere Handlungen allein doch kaum als „tentative" schon zu bezeichnen gewesen, wie es dadurch geschieht, daß das Wort suivie, weiblich und in der Einzahl gebraucht, sich auf tentative bezieht und also die tentative dem commencement d'exécution vorhergehen müßte, nicht aber mit ihm identisch sein könnte; 2. würde doch diesem dann zum Hauptерfordernis der Strafbarkeit gewordenen „commencement d'exécution" irgend ein Wort separater Erläuterung im Berichte gewidmet sein und 3. wären nicht die Worte „suivie de", die diese Koordinierung und Aufeinanderfolge zweier getrennter Erfordernisse allein begründen, schon in der nächsten Umredaktion, im napoleonischen Code pénal von 1810 einfach gestrichen worden, ohne daß so sorgfältige Kommentatoren, wie Chauveau-Hélie[199])

[199]) Ch.-H. II S. 9.

oder sonst irgend wer ein Wort der Erklärung hieran zu knüpfen für nötig fanden. Der so geschaffene Text macht den commencement d'exécution ebenso wie die actes extérieurs zu einer Art der Manifestierung des Verbrechensversuchs; damit ist die zeitliche Nachfolge und die anscheinende Trennung des commencement d'exécution wieder beseitigt.

§ 22.

Der Codex Josephinus.

Wenn noch ein Zweifel über den Standpunkt des französischen Gesetzes vom 22 Prairial IV bliebe, so würde derselbe schwinden angesichts seiner Quelle. Denn der neuentdeckte Begriff, wenn er als solcher gelten dürfte, würde nicht dem französischen Boden entsprossen sein. Dies zeigt das Citat, das der Berichterstatter unmittelbar nach der obgedachten Feststellung des angeblich römisch-republikanischen Ideen entstammenden Grundprinzips anführt. Wer wollte verkennen, daß das Citat nur darum von dem republikanischen Gesetzgeber erst in zweiter Linie angeführt wird, und nicht als Quelle, sondern nur als Belegstelle — um eben jenen Ursprung aus der „patrie de Caton et de Brutus", wenn auch fälschlich, herzuleiten, anstatt aus dem Gesetze eines Philosophen, der leider eine Krone trug? Und wer wollte in dem ganzen Aufbau des Pastoretschen Berichts irgend etwas finden, was nicht schon in diesem Citate voll und deutlich enthalten wäre? Der französische Berichterstatter erhebt selbst nicht den Anspruch, Neues zu schaffen, er beruft sich nur lieber auf die unbedingt anerkannte Gesetzesautorität des alten Roms als den Inbegriff juridischer Erbweisheit, er vergewaltigt zu diesem Zwecke sogar die Geschichte, die Sullas Gesetze schwerlich als Urtypus republikanischer Gesinnung gelten lassen würde, und die Grammatik, die der lex Cornelia einen andern Sinn zuweist — aber alles dies nur, um seine wirkliche Quelle in die zweite Linie zurückzuschieben, nicht um sie zu verleugnen. Gewissenhaft ist das Gesetz Josephs II. benannt, Kapitel I Art. 9 citiert und der Text unanfechtbar richtig übersetzt.

Der deutsche Text dieses zwar amtlich publizierten[200]), aber nie in Kraft getretenen Gesetzes lautet: „Obschon der Gedanke und ein inneres böses Vorhaben allein noch kein Kriminalverbrechen sind,

---

[200]) Allgemeines Gesetz über Verbrechen und deren Bestrafung. Wien 1787 §9.

so ist doch zum Verbrechen auch nicht nötig, daß die Übelthat wirklich ausgeführt werde. Schon der Versuch der Übelthat ist ein Kriminalverbrechen, sobald der Bösgesinnte zur wirklichen Ausübung derselben sich angeschicket und sein Vorhaben durch äußerliche Kennzeichen und eine Handlung offenbaret hat, die That aber in der Folge nur aus Unvermögen, aus dazwischen tretendem fremden Hindernisse oder aus Zufall nicht vollbracht worden ist."

Der gleichfalls amtliche[201]) lateinische Text (für Ungarn) lautet: Attentatum criminale delictum. § 9. Tametsi nuda duntaxat cogitatio solaque mala intentio delictum criminale nequaquam efficiat, ad delictum tamen nequaquam est necesse, ut facinus omnino perpetretur. Ipsa iam facinoris attentatio criminale est delictum, simulac nimirum is, cui male faciendi animus est, se se ad facinus revera committendum accinxerit, pravumque suum propositum tam signis externis quam facto etiam manifestaverit; crimen autem exin ob virium duntaxat defectum, interveniensve aliunde impedimentum, seu denique casu non fuerit perpetratum.

Endlich ist eine amtliche Übersetzung für die oberitalischen Kronländer[202]) angefertigt worden, die den Wortlaut, wie folgt, wiedergibt:

Quantunque il solo pensiero e l'interno malizioso affetto non bastino a formare un delitto criminale, non è tuttavia a ciò necessario, che il delitto venga mandato ad effetto, o sia consumato. Anche il solo attentato d'un azione criminosa diviene un delitto, tosto che il malintenzionato si sarà accinto all' esecuzione, ed avrà manifestato il suo animo con qualche segno esterno, ed atto, sebbene poi il fatto sia rimasto ineseguito a cagione della propria di lui impotenza, prodotta del caso o da qualche impedimento sopravenuto d'altronde.

Schält man aus diesen Texten den Kern der Versuchsdefinition heraus, so ist der Ursprung der Worte „commencement d'exécution" ohne weiteres klar: „simulac se ad facinus revera committendum accinxerit", „tosto che si sarà accinto all'

---

201) In den Akten des k. k. Justizministeriums. Expedition vom 16. 4. 1775.

202) Ebenda; die Übersetzung ist am 25. 5. 85 dem Hofsekretär Giuliani aufgetragen, eine spätere, in dessen Abwesenheit am 17. 1. 87 dem Sekretär Obermeier aufgetragene liegt nicht vor.

esecuzione", „sobald er sich zur wirklichen Ausübung der Übelthat angeschicket." Diese Sätze, in eine Substantivform zusammengefaßt oder richtiger hineingezwängt, sind kaum anders zu fassen als „nach Anfang der Ausführung". Anderseits aber wären „angeschicket" „accinxerit" „accinto" durchaus nicht diejenigen Ausdrücke, die zu wählen geboten oder auch nur glücklich gewesen wäre, um den „Anfang der wirklichen Ausführung" in dem Sinne zum Ausdruck zu bringen, wie er jetzt regelmäßig aufgefaßt wird, d. h. als Vollendung des ersten oder einiger der ersten Handlungen, die den Thatbestand des vollendeten Verbrechens bilden. Ist nicht „sich anschicken" vielmehr das wahre Synonym von „sich vorbereiten" bezw. „anfangen, ohne bereits auch nur den kleinsten Teil der Handlung hinter sich zu haben, die gesamte Handlung vielmehr noch vor sich zu haben"? Heißt accingere nicht „sich zu etwas gürten, zu etwas rüsten"? also recht eigentlich „sich vorbereiten"? — übersetzt es Pastoret nicht sehr treffend mit „s'est disposé à commettre?" Die Bedeutung dieser Übersetzung ist unzweifelhaft dahin festzulegen, daß nach Pastoret's Auffassung wohl der Anfang der Ausführung in der Sinnenwelt nicht nur als mathematischer Punkt auftreten kann und deshalb äußerlich erkennbar geworden sein muß, daß aber keinerlei weiteres Requisit für eine Teilausführung der zu vollendenden Übelthat festgestellt, sondern gegenteilig durch die Ausdrucksweise darauf hingewiesen wird, daß jedes Annähern an die Vollendung, jedes sich dazu disponieren, dazu vorbereiten den strafbaren Versuch bilden soll. Diese selbe Auffassung hat der genannte Berichterstatter dann in seinem Antrage zum Ausdruck zu bringen gemeint, denn für eine Absicht, von seiner angeblichen Quelle, der lex Cornelia, und von seiner Parallele, dem Codex Josephinus abweichen zu wollen, gibt er nirgends in seinem Berichte einen Anhalt.

Nun möchte noch die Möglichkeit offen bleiben, daß dem „sich angeschicket" und den verwandten fremdsprachlichen Ausdrücken bereits die Deutung, welche heute dem „Anfang der Ausführung" zu teil wird, innegewohnt haben könne. Mindestens verlohnt es, die Intentionen der Gesetzgeber dieser Stelle zu prüfen, um das Gegenteil liquid zu stellen. Insbesondere möchte sonst der Einwurf allenfalls zutreffen, daß die actes extérieurs des französischen und die „Handlung" des josephinischen Gesetzes denn doch mehr als die Rudimente der heutigen Anschauungen enthalten könnten. Die Entstehung des Textes widerlegt dies aber.

Zunächst ist der oben[203]) angeführte Satz, der dem commencement d'exécution entspricht, im josephinischen Text dem, der die manifestation par des actes extérieurs ausdrückt, koordiniert; es kann das nicht ohne Zwang anders gelesen werden, als daß das „anschicken" und „offenbaren" begrifflich sich decken oder doch decken können, daß eines und das andre durch dieselben Thatumstände oder Handlungen geschehen kann, ja geschehen muß. Denn eben diese Thatumstände und Handlungen, diese Teile eines Thatbestandes des unvollendet gebliebenen, aber beabsichtigten Verbrechens bilden den strafbaren Versuch. Jedenfalls aber ist eine zeitliche Aufeinanderfolge des Anschickens und Offenbarens nicht erkennbar. Ja, wollte man absolut eine solche annehmen, so wäre dies nur gemäß der Satzfolge dahin möglich, daß erst das Anschicken, dann das Offenbaren erfolgt. Im französischen Gesetzestext liegt es dagegen so, daß die Worte suivie de, welche die beiden, überdies umgestellten Satzteile trennen, die letztere Frage umgekehrt entscheiden würden. Aber es wurde schon oben gezeigt, daß nichts zwingt, solche zeitliche Aufeinanderfolge zu statuieren; nicht die actes extérieurs sind suivis d'un commencement d'exécution, sondern la tentative est suivie. Dem entspricht es denn auch, daß diese trennenden Worte im Code pénal Napoléon ohne Bemerkung verschwinden. Die beiden Satzteile sind eben sich vollkommen koordiniert, decken sich als zwei Erscheinungs- und Definitionsformen derselben Sache. Nur mit dieser Auffassung ist ihre Entstehung in Einklang zu bringen.

Der Text des Codex Josephinus ist, wie die darüber vorhandenen Akten der Kompilations-Kommission im Justizministerium zu Wien ergeben, mehrfach umredigiert worden. Über alle absichtlichen, prinzipiellen Veränderungen liegen gewissenhaft geführte Sitzungsprotokolle mit Marginaldekreten des kaiserlichen Gesetzgebers vor, diese wie jene enthalten spezielle Begründungen der vorgenommenen Änderungen.[204]) Alle übrigen Modifikationen kenn-

---

[203]) S. 69.

[204]) Die Geschichte dieser Gesetzgebung erhellt aus nachstehenden Aktenstücken: 1. „Allerunterthänigster Vortrag der treugehorsamsten Kompilations-Hof-Kommission, mittels welchen die Ausarbeitung des Kriminalgesetzes über Verbrechen und Strafen der höchsten Entschließung vorgelegt werden. Allerunterthänigst übergeben den 12. März 1783.

Ew. Majestät.

Über den an die Kompilations-Hof-Kommission wegen Bearbeitung eines neuen Kriminalsystems ergangenen landesfürstlichen Befehl hat dieselbe erwogen,

zeichnen sich durch ihre Natur, sowie gerade durch die ohne jede Anmerkung vorgenommene Berichtigung als redaktionelle, wie sie denn

---

daß der erste Theil dieses Systems in der Bestimmung bestehen möge, was denn für Vergehungen eigentlich die wahre Eigenschaft eines Kriminalverbrechens auf sich haben und was für Strafen geeignet seien.

Die Grundsätze hierüber wurden Ew. Majestät in dem anschlüssigen Vortrag vorgelegt und Höchstdieselben haben sie in der erflossenen Resolution Punkt für Punkt ausgezeichnet.

Nach diesen Grundsätzen nun hat der Referent den anschlüssigen Entwurf eines neuen Kriminalgesetzes gearbeitet. . . .

Dieser Entwurf ward . . . denen sämtlichen Gliedern dieser Kompilations-Hof-Kommission . . . mitgeteilt . . ., wurde dann in sechs Sitzungen von Punkt zu Punkt durchgegangen und hierüber die Stimmen aufgenommen. Das anschlüssige Protokoll zeiget umständlich den Zug dieser Berathschlagungen und die hierbei in einigen Punkten aufgefallenen verschiedenen Meinungen: und hieraus ist dann der beiliegende nach den einhelligen oder mehreren Stimmen der Kompilations-Hof-Kommission gefaßte Entwurf entstanden, in welchem man sich Ew. Majestät Grundsätzen noch mehr genähert und die oben bestimmten Rücksichten noch eigentlicher beobachtet hat. Über diesen Entwurf hat sodann der Referent sich mit dem Hofrath Sonnenfels ins Einvernehmen wegen Berichtigung des Stils gesetzt, und es ist mit Beibehaltung der beschlossenen Sätze nach ihrem eigentlichen Sinn und Wesenheit der beiliegende Aufsatz des neuen Kriminalgesetzes in seiner umständlichen Textirung entstanden, welcher eigentlich der höchsten Bestätigung in tiefster Ehrfurcht vorgelegt wird mit der alleruntertänigsten Bitte, nach denen Punkten und Absätzen des Protokolls die höchste Resolution zu erlassen, und auf diese Art wäre dann der erste Theil des neuen Kriminalgesetzes berichtigt. . . ." gez. „Albrecht Graf von Sinzendorf."

Randschrift auf der vorletzten und letzten Seite des Berichts:

„Bei dem mir in der Beilage sub Nr. 5 überreichten Entwurf haben sich verschiedene wichtige Betrachtungen ergeben, wie solches die Kompilation" (sic!) „aus den an der Seite des Entwurfs beigefügten Bemerkungen ersehen wird. Da die Kompilation ohnehin bereits in der Ausarbeitung der Grundsätze und des eigentlichen Kriminalverfahrens begriffen ist, beide diese Gegenstände aber mit der gegenwärtigen Gesetzgebung in einer allzu engen Verknüpfung stehen, so finde mich bewogen, bis zur gänzlichen Zustandebringung der beiden erstern auch die gegenwärtige Ausarbeitung auf sich noch beruhen zu lassen, und sodann, wenn mir das ganze Kriminalsystem vorgelegt sein wird, mit desto mehrerer Gründlichkeit meine endliche Entscheidung fassen zu können.

Nur hat die Kompilation noch vor allem in weitere Erwägung zu ziehen, ob es etwa nicht räthlicher sein dürfte, dem immer bedenklichen Schritt, ein neues Kriminalgesetzbuch zu verfassen, auszuweichen, dadurch, daß die Nemesis Theresiana auch in Zukunft so weit beibehalten würde, daß nur darin jenes, was auf die Tortur und Todesstrafe in Beziehung hat, oder was sonsten eine notwendige Verbesserung erfordert, nach den von mir bestimmten Grundsätzen abgeändert würde.

resp., 10. April 1783. Joseph. m. p."

auch meist von der eignen Hand des Referenten, Hofrats von Keeß, in die mundierten Texte eingetragen sind. Eine erhebliche Gruppe

---

2. Auf das vorstehende Dekret antwortet ein Bericht vom 7. und 14. April 1784, übergeben am 20. ejd., worin allseitig die Beibehaltung der Theresiana für unthunlich erklärt wird, weil deren Grundsätze vielfach gänzlich erschüttert werden sollen. Zu unserm Thema heißt es darin:

„§ 10. Bei den § 6 usque 13 fiel keine andere Bemerkung auf, als daß eine angefangene, aber aus eigener Reue nicht vollendete böse Handlung die Zumuthung eines begangenen Kriminalverbrechens nicht nach sich ziehen solle, wogegen in dem § 9 die Worte aus eigener Reue hinweggelassen worden sind."

Der Kaiser respondiert hierauf, ohne speziell auf § 9 einzugehen: „In allen übrigen hier nicht berührten Punkten kann es derzeit noch bei dem Einrathen der Kompilation sein Bewenden haben. Joseph m. p."

3. Am 1. Juni 1784 macht Graf Sinzendorf dem Kaiser den Vorschlag, den Entwurf den Appellhöfen zur Äußerung vorzulegen. Am 10. Januar 1785, nachdem noch vorher der Kriegsrat um seine Meinung befragt worden war, sendet der Kaiser mittels Handbillets die Bemerkungen der Appellstellen an Sinzendorf zur Prüfung und zum Vortrag. Unter dem 15. und 26. Jänner 1785, übergeben am 31. ejd., ergeht der Bericht der Kommission in einer Fassung, „in der man sich der möglichen Zusammenziehung der wesentlichen Erinnerungen schon darum beflissen hat, weil man Eurer Majestät zum voraus versichern kann, daß nichts Wichtiges vorkömmt, worüber die pro et contra streitenden Gründe nicht schon in den hier anschlüssigen Prioribus umständlich ausgeführt worden." Zur Versuchsstrafe heißt es in § 14:

„Bei dem § 9 will zwar das böhmische Appellationsgericht den Versuch der Übelthat mehr zergliedern, und in den entfernten, nahen und nächsten untertheilen.

Allein schon die oberste Justizstelle siehet ein, daß diesfalls der Text alles erschöpfe. In dem jedoch ist die oberste Justizstelle mit dem Texte nicht einverstanden, daß jeder Versuch als das Kriminalverbrechen, folglich mit der dem Verbrechen bestimmten Strafe aufgeführt werde.

Über die Art der Textirung nun sind die Stimmen verschieden getheilet: Die einen Stimmen glauben, jener Versuch seie dem vollzogenen Verbrechen in der Strafe gleichzuhalten, wo der Thäter seinerseits zu Vollstreckung der That alles angewendet hat, und der gänzliche Erfolg aus andern nicht von ihm abgehangenen Hindernissen unterblieben; wo dagegen die von dem wirklichen Vollzug noch entfernte Anmaßung mit gelinderer Strafe, jedoch nach Maaß, als sie sich zur That selbst genähert hat, mit der Rücksicht belegt werden sollte, ob die That aus eigner Bestimmung des Thäters, oder nur aus zufälligen Ursachen nicht an ihr Ende gekommen seie.

Andre Stimmen halten dafür, der Text könne in der Hauptsache verbleiben, nur mit folgender geringen Abänderung, daß statt den Worten: der Versuch der Übelthat seie schon ein Kriminalverbrechen, sobald der Bösgesinnte zur wirklichen Ausübung derselben sich angeschickt; und sein Vorhaben durch äußerliche Kennzeichen und eine Handlung geoffenbaret hat, gesetzet werde:

entstammt der bessernden Hand des Hofrats von Sonnenfels, dem der Kaiser aber ausdrücklich nur Rektifizierung des Stils[205]) aufgetragen hat und der, wie vollkommen erkennbar, diese Grenze nirgends überschritten hat. Bei dem hier fraglichen Artikel 9, von dem in der Entwickelung[206]) des Gesetzes die in der Anlage ver-

entweder, sobald der Bösgesinnte eine der That schon nahegehende Handlung unternommen hat:

oder, sobald der Bösgesinnte die That auszuüben wirklich angefangen, und zu ihrer Vollbringung von seiner Seite alles angewendet hat.

Votum. Auch hier ist der eigentliche Gegenstand des Paragraphen nicht außer dem Gesichtspunkt zu lassen, der bloß dahin geht, zu bestimmen, wie weit die Imputation eines Verbrechers auf einen nicht zustande gekommenen Versuch fallen könne: denn daß der ohne Vollzug gebliebene Versuch in der Abstrafung gelinder zu behandeln seie, ist schon in § 16 gesaget: wo es heißet, daß die Strafe auch nach dem Maaße des zngefügten Schadens auszumessen seie. In diesem Gesichtspunkte des Gesetzes scheinet in der That der entworfene Text bestimmt und zweckmäßig zu sein: wo dagegen die angetragenen Abänderungen zu weit führen und dem richterlichen Arbitrio ein zu unbestimmteres Feld öffnen."

Randschreiben des Kaisers dazu vom 9. März 1785:

„ad 14. Ist die Schluß-Stelle des 9ten §: Sollte auch die That in der Folge rc. dahin abzuändern: die That aber in der Folge nur aus Unvermögen, aus dazwischen trettenden fremden Hindernissen oder aus Zufall nicht vollbracht worden ist.

.... In all-übrigen beangenehme Ich das Einrathen der Kompilations-Kommission, rc. .... Joseph m. p."

205) Der Befehl zu der ersten, hier interessierenden Revision an den Hofrat v. Sonnenfels ist nicht bei den Akten. Sein Inhalt erhellt aber mit Sicherheit aus dem oben in Anm. 204 unter 1. wiedergegebenen Bericht vom 13. 3. 1783 und der folgenden späteren Korrespondenz in den Akten:

„An den Herrn Hofrath v. Sonnenfels.

comm. den 10. November 1786.

Nota. Seine des Kaysers Majestät haben sich den Entwurf des Kriminalgesetzes, der bereits durch des Herrn Hofraths Einschreitung in dem Stil rektifiziret ist, von nochmalen vorlegen lassen und hierinne verschiedene Aenderungen getroffen, also, da dieses Gesetz nunmehr die in dem gefällig zurückgewärtigenden Anschlusse enthaltene Gestalt angenohmen hat.

Hiervon geschiehet dem Herrn Hofrath die freundschaftliche Mittheilung mit dem Ersuchen, sothanes Gesetz in seinen Ausdrücken nochmalen gefällig zu durchgehen und der endlichen Berichtigung zuzuführen; hierbei aber auch auf den Eingang des ersten Kapitels eine vorzügliche Rücksicht zu wenden, weil Seine Majestät in ihrer höchsten Entschließung gemeldet haben, daß ihnen dieser Eingang undeutlich scheine." gez. „v. Keeß."

206) Die in dem Bericht der Kommission vom 12. März 1783 (vgl. Anm. 204 S. 71 ff.) in Bezug genommenen Anlagen, sowie sonst vorhandenen Texte sind folgende:

zeichneten Varianten* entstanden sind, ergeben sich denn auch eine Reihe ohne weiteres als Schreibfehler und orthographische Differenzen, andre modifizieren den Sinn offensichtlich in keiner Weise, alle übrigen aber, die auf die oben behandelte Frage von Einfluß sein könnten, verdanken ihre Entstehung der vorgedachten Sonnenfels-

---

I. Bericht der Kommission, nebst Randschreiben des Kaisers vom 1. Dezember 1781; mit A bezeichnet.

II. Anlage 2. „Erster Entwurf des Referenten worüber die Berathschlagung von Punkt zu Punkt aufgenohmen worden." 219 Paragraphen. Bezeichnet B.

III. Anlage 3. „Protocollum der Berathschlagung der Kompilations-Hof-Kommission über das neue Kriminalgesetz. Sessio prima Die 1ma Februarii 1783. Praesentes: Graf v. Sinzendorf. Freiherr v. Löhr. Graf v. Sauer. v. Zenker. v. Keeß, Referent. Froidevo. Horten." Im ganzen 6 Sitzungen und 209 Paragraphen umfassend. Bezüglich des § 9 vgl. unten Anm. 210.

IV. Anlage 4. „Nach den einhelligen oder mehreren Stimmen der Kompilations-Hof-Kommission abgeänderter Entwurf des Referentens." 209 Paragraphen. Bezeichnet C.

V. Neben diesen beiden Texten B und C liegt eine weitere Reinschrift aus derselben Periode vor, mit der Aufschrift: „den 12. April und 26. April 1783 in hierortigen Rathe vorgetragene Meinung (laut Rathsprotokollen von diesen Datis) über den Vortrag vom 8. März de recepto 10. April 1783, womit die Ausarbeitung des Kriminalgesetzes über Verbrechen und Strafen vorgelegt wurde." Ohne Zeichen.

VI. Anlage 5. Mit Überschrift: „zum Vortrage vom 8. März 1783." Neben der Unterschrift „Franz Georg E. v. Keeß Hofrath" steht: „Sonnenfels, Hofrath". Bei Art. 9 steht am Rande außer dem Marginale: „Angefangenes Kriminalverbrechen" noch folgende Bemerkung, anscheinend in Sonnenfels' Handschrift: „ad § 9 N. B. könnte dieser ganze Paragraph ausgelassen oder aber wenigstens die unterstrichenen Worte: entweder aus eigener Reue ausgelöscht werden." Die Worte „könnte" bis „wenigstens" sind aber durchstrichen, statt ihrer steht von Sinzendorfs Hand das Wort „müssen".

VII. 7 Reinschriften, teils mit, teils ohne Unterschrift „Franz Georg E. v. Keeß m. p. Hofrath"; enthaltend den Text in 198 Paragraphen. Eine, mit Verbesserungen von Keeß' Hand und von ihm unterschrieben, ist mit D bezeichnet. Diese zeigt die Worte: „sollte auch die That in der Folge" und „sein" im Text durchstrichen, daneben am Rande die Worte „die That aber in der Folge nur . . . ist", von Keeß geschrieben.

VIII. Reinschrift mit Text in 187 Paragraphen, mit Marginalien, bezeichnet: „zur Expedition vom 16. April 1785". Hierbei eine gleichartige lateinische Übersetzung. § 9 hat die Marginalien: „Angefangenes Kriminalverbrechen". „Attentatum criminale delictum".

IX. Endlich ist der im Druck veröffentlichte Text von 1787 aufzuführen. (vgl. S. 68 unten.)

schen Redaktion und charakterisieren sich dadurch gerade als Änderungen, die keine Sinnesänderung beabsichtigen. In dieser Redaktion liegt die Änderung vor, daß die Übelthat wirklich „ausgeführt werde“ statt „geschehe“. Es ist das erste Vorkommen des Wortes „Ausführung“, welches hier ganz deutlich als Synonym von „Vollendung“ gewählt worden ist. Das Wort „geschehe“ bedeutete dasselbe, war aber minder deutlich, weil minder stark, das „aus“ = zu Ende führen, zum Ausdruck zu bringen. Diese Redaktion verschärft denn auch die Gegenüberstellung zu den folgenden Worten „der Versuch“, indem statt der Trennung durch die Konjunktion „sondern“ der Beginn eines neuen Satzes gewählt und die gegensätzlichen Kernworte „ausgeführt“ und „Versuch“ unterstrichen worden sind.

Diese Umredaktion ist um deswillen bemerkenswert, weil das Stehenbleiben des Ausdrucks „zur wirklichen Ausübung“ im nächsten Satze dadurch als bewußt gelten kann; hier hat also nicht das Moment des „zu Ende führens“ betont werden sollen — in „Ausübung“ tritt dasselbe nicht mehr hervor, wirkliche Ausübung der Übelthat ist nur der Gegensatz zu „der Gedanke und ein inneres böses Vorhaben allein“, ohne Hinblick auf den Schlußeffekt.

Im nächsten Satzteil ist geändert: „durch äußerliche Kennzeichen und Werke“ in „durch äußerliche Kennzeichen und eine Handlung“. Es liegt hierin bei wörtlicher Auslegung höchstens eine Verminderung der Requisite des Versuchs, indem statt einer Pluralität von Werken deren nur eines, statt des eine gewisse Kompliziertheit — allerdings nur in der modernen Sprache — involvierenden „Werks“ eine „Handlung“ erfordert wird. Letztere Änderung dürfte die allein gewollte sein; das Abstreifen des dem Worte „Werk“ beiwohnenden Nebensinnes des Komplizierten zugleich mit dem Beseitigen aus der Mehrzahl etwa zu folgernder Irrtümer. Es ist statt eines alten Wortes, das zu Mißdeutungen führen konnte, ein modernes, zeitgemäßes gesetzt, das der Schulsprache der Rechtsphilosophen des vorigen Jahrhunderts entnommen, den Gesetzeswillen klar znm Ausdruck bringt. Dabei ist der Zusammenhang des Adjektivs „äußerlich“, welches auf „Kennzeichen und Werke“ gemeinsam im alten Texte sich bezog, verloren gegangen — vielleicht bewußt abgestreift, weil eine Handlung immer äußerlich sein muß, zumal, wenn sie „ein Vorhaben offenbaren“ soll. Jedenfalls deutet nichts in dieser ganzen Abänderung an, daß mehr als eine redaktionelle Verbesserung beabsichtigt war. Es ist hier das zweite Kernwort des heutigen Versuchsbegriffs im Momente seiner Entstehung gezeigt — es hat auch bei diesem Geburtsakte dem Erzeuger das Bewußtsein der später darin entdeckten epochemachenden Neuerung gefehlt. Der der Kommission gar nicht angehörige Sonnenfels hat wohl den Stil, nicht aber eigenmächtig den Sinn ändern dürfen und, wie seine sonstige Einflußnahme bei andern Stellen zeigt, auch gar nicht ändern wollen. Hiermit harmoniert es nur, wenn in dem in den nächsten Jahren darauf gearbeiteten Entwurf eines Strafgesetzbuchs für politische Verbrechen (d. h. Polizeiübertretungen) es im § 5 heißt: „Der bloße Versuch einer Übelthat läßt die Anschuldigung eines politischen Verbrechens nicht zu, durch was immer äußere Kennzeichen und Anschickung sich dieser Versuch offenbaret hat oder aus welch immer Umständen die That in der Folge unterblieben seye."

Der Kern würde ohne Bedenken ins Französische übersetzt lauten dürfen: quelque soient les signes extérieurs et le commencement par lesquels la tentative se soit manifestée; er enthält die „ominösen Worte" und dennoch ist sein deutscher Wortlaut in nichts von dem der C.C.C. abweichend.

Wie wenig die Stichworte commencement d'exécution par des actes extérieurs von denselben Männern, die den Artikel 9, das Vorbild des Gesetzes vom 22. Prairial redigiert haben, als ein Fortschritt oder eine Neuerung empfunden worden sein können, geht auch aus den Protokollen der Redaktion des österreichischen Strafgesetzbuchs von 1794 (mit Gesetzeskraft von 1803) hervor. Durchaus auf dem Codex Josephinus fußend[207]), teilweise aus den-

[207]) Der Bericht der Kommission vom 12. April 1794, mittels dessen die Vorlegung des Gesetzes geschah (Sonnenfels Referent) sagt hierüber: „. . . Den Entwurf des ersten Theiles hat sie zu Stande gebracht und sie legt ihn in der Beylage Nr. 5 Ew. Majestät höchsten Einsicht und Beurtheilung vor" „. . . muß die Hofkommission bemerken, daß sie auch in diesem Geschäfte sich an dem Hauptsatze, den sie schon bei so vielen Gelegenheiten unterstützt hat, gehalten habe, nämlich, sich nicht eben auf neue Ideen zu verlegen, sondern lieber den schon vorhandenen Grundstoff beyzubehalten und nur dort, wo es die Nothwendigkeit erfordert, Verbesserung vorzuschlagen.

Mit dieser Rücksicht sind bei den Paragraphen des neuen Entwurfs auch jene Stellen der dermaligen Gesetze zur Seite angedeutet, auf welche wir eine Beziehung haben. Soweit nach dieser Beziehung der neue Text im Grunde nur

selben Mitgliedern bestehend[208]), hat die Hofkommission zur Ausarbeitung des letzteren Werks ohne ein Wort spezieller Erläuterung den Text des neuen Gesetzesartikels wie folgt gefaßt:

„§ 7. Zu einem Verbrechen ist nicht nötig, daß die That wirklich ausgeführt werde. Schon der Versuch einer Übelthat ist das Verbrechen, sobald der Bösgesinnte eine zur wirklichen Ausübung führende Handlung unternommen hat, die Vollbringung des Verbrechens aber nur wegen Unvermögenheit, wegen Dazwischenkunft eines fremden Hindernisses oder durch Zufall unterblieben ist.

§ 8. Über Gedanken oder innerliches Vorhaben, wenn keine äußere böse Handlung unternommen oder nicht etwas, so die Gesetze vorschreiben, unterlassen worden, kann niemand zur Rede gestellt werden."

Man hat die fragliche Definition einfach verkürzt, indem man die in dem Begriffe der Handlung selbstverständlich enthaltene Offenbarung und äußerliche Erkennbarkeit als überflüssig wegließ, und das Abzielen der Handlung, das verbrecherische Vorhaben, durch die Worte „zur Ausübung führend" ganz prägnant als Requisit der Handlung zum Ausdruck brachte. Vom „Anfang der Ausführung" als einer besonderen Qualifikation der erforderten Handlung ist hier kein Anzeichen; diese Entdeckung im französischen Texte zu machen, blieb späteren Zeiten vorbehalten[209]), obwohl

---

eine Wiederholung, richtigere Bestimmung, mehrere Entwicklung oder ein bloß veränderter Ausdruck des schon bestehenden Gesetzes ist, und soweit in den wiederkehrenden Stellen dieser Text immer nach den einmal angenommenen Hauptsätzen fortgeführt werden mußte; scheint es überflüssig zu sein hier in eine nähere Erörterung jeder Stelle einzugehen."

Der Versuch ist denn auch nicht mehr erwähnt; am Rande neben § 12 und § 13 des Textes ist § 9 des josephinischen Gesetzes citiert, neben § 12 auch noch eine „Deklaration d. d. 25. März 1787, in der „Josephinischen" Justizgesetzsammlung mund. 682b", die in den Akten nicht vorfindlich war.

[208]) Unter dem Bericht der Kommission vom 12. April 1794, der am 22. Juni von Kaiser Franz zum Druck genehmigt worden ist, finden sich die Namen: Freiherr v. Martini. v. Haan, Referent. v. Keeß. v. Froidero. v. Rüstel. Freiherr v. Stüpan. v. Przembsky. Also war der Referent des Codex Josephinus, Keeß, und Froidero, von der ältern Kommission noch mit thätig. vgl. oben Anm. 206 unter III.

[209]) Der in derselben Zwischenzeit erschienene Entwurf eines Gesetzbuches in Kriminalsachen, 1792, und Kleins Lehrbuch von 1799 enthalten absolut nichts über den Versuch.

doch der französische Text der Kommission zweifellos vorgelegen hat.

Wir glauben im vorstehenden ohne Lücken die Umformung des Keeßschen Entwurfs zum Codex Josephinus durch die Zwischenstadien der Sonnenfelsschen Redaktion und die Fassung der publizierten Ausgabe hindurch, weiter in den Artikel 1 des Gesetzes vom 22. Prairial und bis zum Artikel 2 des Code pénal dargelegt und den Beweis des rein redaktionellen, jede Absicht einer sachlichen Neuerung ausschließenden Charakters dieser Umformungen bis zu dem Grade geführt zu haben, den die negative Natur des Beweisthemas überhaupt zuläßt. Der Wortlaut des Keeßschen Entwurfs wird seinerseits nicht mehr als Hülle der heut geltenden Definition des Versuches angesprochen werden können; er stellt sich, wie auch in den Akten ausdrücklich anerkannt wird[210]), bis auf die klarere Anordnung der Satzteile und Modernisierung der Bindewörter seinerseits als wörtliche Reproduktion der Nemesis Theresiana dar, deren Artikel 3 § 15 lautet:

„Da eine Übelthat durch Unternehmung des Verbotenen und Unterlassung des Gebotenen verübt wird, so folget hieraus, daß bloße Gedanken und innerliches böses Vorhaben insgemein nicht unter die Verbrechen gehörig, folgsam keiner halsgerichtlichen Strafe unterliegen; es wäre denn, daß der Bösgesinnte durch einige Bemühung, Bestrebung und Versuch der That sich zur wirklichen Ausübung des Verbrechens angeschicket, somit das Vorhaben durch äußerliche Kennzeichen veroffenbaret hätte. Wie aber eine unterstandene und nicht vollbrachte Missethat zu bestraffen seye? wird in dem 13. Artikel vorkommen.“

Dieser Paragraph führt das Marginale: sola cogitatio poenae non subjacet, nisi in actum externum eruperit — eine so klare Summierung der lediglich den bloßen Gedanken ausschließenden einheitlichen Bestrafung aller äußerlich gewordenen Manifestationen des sträflichen Willens, daß sie nur noch überboten wird durch die dem Artikel 3 vorangestellte Inhaltsangabe des Gesetzes, die zu § 15 cit. besagt: „Bloße Gedanken unterliegen keiner Strafe: außer sie wären in eine äußerliche Vorbereitung ausgebrochen.“

---

210) Protokoll der 1. Sitzung der Kompilations-Hof-Kommission vom 1. Februar 1783: „ad § 9 ward der entworfene Satz, der aus dem art. 3 § 15 der Nem. Ther. gezogen ist, in dem“ (sic!) „§ 9 des neuen Entwurfs übertragen.“

Diese Inhaltsangabe, der mindestens der Wert einer authentischen Interpretation des eigentlichen Gesetzestextes zukommt, gibt hier einfach allen Versuchshandlungen den Namen „Vorbereitung", der nach dem oben in § 8 ff. Gesagten[211]) durchaus nicht unzutreffend erscheinen kann. Dabei hat der Redaktor der Theresiana durch die Verweisung auf Artikel 13 desselben Gesetzes gezeigt, daß er sich der dort[212]) enthaltenen Unterscheidungen entfernten, nahen und nächsten Versuchs (die aber auch er nicht klarer zu definieren gewußt hat als alle andern) bewußt gewesen ist; gleichwohl wird auch der entfernte Versuch, welcher „bestehet nur in einer ernstlichen Willensäußerung oder einer vorbereitlichen Ankehrung, woraus die That selbst noch nicht erfolgen kann", prinzipiell bestraft. Die Grenze des strafbaren Versuchs umschließt hier also unzweifelhaft die Vorbereitung mit, und dennoch ist die Fassung des Art. 3 § 15 der Theresiana, wie gezeigt, keineswegs wesentlich verschieden von der des Codex Josephinus und damit von der des Gesetzes vom 22. Prairial IV. — In der Theresiana allein findet sich übrigens die Bestimmung als generelle, daß der Richter in nicht weit entwickelten Fällen des Versuchs leichter Verbrechen die Milde bis zur Straflosigkeit ausdehnen dürfe, wie es oben von uns gefordert wurde[213]).

---

[211]) S. 20 ff.

[212]) C. C. Theres. Art. 13 § 3. Est triplicis generis: remotus, propinquus, proximus. Die Thatanmassung ist entweder erstlich: noch entfernt, und bestehet nur in einer ernstlichen Willensäusserung oder einer vorbereitlichen Ankehrung, woraus die That selbst noch nicht erfolgen kann; oder sie ist andertens: zur That schon näher gekommen, und allschon zubereitet, daß nichts, als der wirkliche Vollzug abgehet; oder sie ist drittens: ein wirklicher Thatvollziehungsversuch, wo von Seite des Thäters alles, was zu Bewerkstelligung der That in seiner Macht gestanden, angewendet worden.

[213]) Oben S. 28 ff. vgl. C. C. Theres. Art. 13: „Innhalt:

§ 1. Die Thatanmassung unterscheidet sich sowohl von blossen Gedanken als von der That selbst.

§ 2. Dero Beschreib- oder Erklärung.

§ 3. Dieselbe ist entweder entfernt, und bloß vorbereitlich; oder nahe, und zubereitet; oder allernächst, und werkthätig.

§ 4. Von Straffe der Anmassung wird verschiedenes im 2ten Theile vorkommen, hierorts aber werden die allgemeine Maßregeln geordnet.

§ 5. Unterschied: ob der Anmasser freiwillig von der Unternehmung abgestanden? oder an solcher in anderweg gehindert worden?

§ 6. Ersteren Falls ist der Anmasser willkürlich, jedoch leichter, und gestalten Dingen, meist gar nicht zu straffen.

Den engen Zusammenhang der Theresiana mit der Carolina[214]) und das mangelnde Bewußtsein eines Fortschritts bezw. einer Neuerung in ersterer beweist anderseits die in Art. 13 § 2 gegebene abermalige Definition[215]) des Versuchs, die in allen wesentlichen Stücken fast wörtlich den Artikel 178 der C.C.C. reproduziert.

Es dünkt uns nicht eben verwunderlich, wenn als Resultat der vorstehenden Untersuchung sich nur ergibt, daß der erleuchtete Autor der Carolina sich in unabhängiger Gedankenarbeit zu einer klareren Definition durchgerungen hat als die vielen und vielköpfigen gesetzgeberischen Versuche des jetzigen Jahrhunderts, deren logische Schärfe ohnehin durch die einander widerstrebenden Strafrechtstheorien, dann aber auch durch die blendende oder doch gleißende Knappheit der französischen Gesetze, die ihnen als willkommenes Vorbild vorlagen, irre geführt worden ist.

---

§ 7. Anderen Falls macht die Thatbehinderung gemeiniglich einen mildernden Umstand.

§ 8. Außer in überschweren Verbrechen, wo die allernächste Anmassung der That gleich zu achten ist."

214) Die dazwischen liegende Halsgerichtsordnung Josephs I. enthält nichts Generelles über den Versuch, ist also ein Rückschritt.

215) C. C. Theres. Art. 13:

„§ 1. Conatus contra-distinctus est cogitationi et facto. Daß bloſſe Gedanken, so durch äußerliche Wahrzeichen sich nicht zu Tage legen, keiner weltlichen Straffe unterliegen, ist oben Art. 3 § 15 gemeldet worden. Die Verbrechen bestehen also durch äusserliche Handlungen; zumalen aber diese zuweilen zwar angemasset, jedoch nicht vollbracht werden, so kommt hier auszumessen: welchergestalten eine Thatanmassung, und unausgeführte Unternehmung einer Mißhandlung straff-fällig seye?

§ 2. Definitio conatus. Die Bemüh-Bestreb-Anmassung oder Versuch einer Missethat ist, wenn jemand durch äußerliche Zeichen oder Werke sich derselben unterziehet, solche aber entweder durch einige Reue oder Ohnvermögenheit, oder aus fremder Behinderung; oder durch Zufall nicht vollbracht worden.

Druck von Leonhard Simion in Berlin SW.